UN ESTUDIO BÍBLICO DE 1 JUAN

PATRICIA NAMNÚN

ESPAÑOL

Dedico esta obra a mi esposo Jairo, por su amor continuo y
su apoyo incondicional y a mi pastor Miguel Núñez, por la
oportunidad de crecer y servir bajo su pastorado.

Luz en las tinieblas: Un estudio bíblico de 1 Juan

Copyright © 2018 por Patricia Namnún

B&H Publishing Group
Nashville, TN37234

Clasificación Decimal Dewey: 230
Clasifíquese: FE/VERDAD/APOLOGÉTICA

ISBN: 978-1-4627-9923-7

Impreso en EE. UU.
2 3 4 5 6 7 8 * 23 22 21 20 19

ÍNDICE

Introducción

¡Bienvenida a *Luz en las tinieblas*, un estudio interactivo de la Primera Carta de Juan! Me llena de gozo saber que recorreremos juntas estas páginas durante cinco semanas.

Este material está diseñado para ayudarte a acudir diariamente a la Escritura con el fin de profundizar en sus verdades, sellarlas en tu mente y ponerlas en práctica. Realizar este estudio te tomará aproximadamente 30 minutos cada jornada.

Durante cinco semanas de estudio podrás conocer, de manera general, cada capítulo, profundizar y entender el pasaje del día, encontrar la aplicación para tu vida y responder en oración en función de lo que has estudiado. Haremos todo esto a través de cinco secciones:

I- PREPARA TU CORAZÓN

Esta sección da inicio al estudio de cada día y tiene como propósito utilizar un salmo de la Biblia para orar al Señor antes de comenzar a estudiar Su Palabra.

II- ANALIZA EL PASAJE

Después de orar a través de la Palabra, el estudio te invitará cada día a sumergirte en el pasaje leído. El objetivo es que puedas comenzar a mirar con detenimiento el contenido del pasaje del día y a enfocarte en encontrar lo siguiente:

- *Temas principales del pasaje:* son los distintos temas que salen a relucir a través del texto, esas ideas que saltan del pasaje una y otra vez.

- *Estructura*: la estructura de un libro o pasaje es la forma que este tiene de principio a fin. En esta porción, lo que debes buscar es cuáles son las partes en las que está dividido el pasaje. Esto puedes hacerlo a través de un esquema. Descubrir la estructura de un pasaje puede ayudarte a comprender todo el significado de un texto.

Este es un ejemplo que permitirá entender cómo sería la estructura de un pasaje:

Colosenses 2:6-23

i- El caminar en Cristo del creyente (2:6-8)
Edificados y confirmados en Él para abundar en acción de gracias (v. 7).
Que nadie los haga cautivos de filosofías vacías (v. 8).

ii- La obra del evangelio de Cristo (vv. 10-15)

La plenitud en Cristo (v. 10).

La circuncisión de Cristo (vv. 11-15).

iii- Advertencias contra las falsas enseñanzas (vv. 16-23)

Que nadie los engañe (vv. 16-19).

Si han muerto con Cristo... (vv. 20-23).

• *Contexto*: esta parte hace referencia al entorno y el contexto del pasaje que estamos estudiando. ¿Dentro de qué género se ubica el libro y la porción que estamos estudiando? ¿Cómo nos ayudan los versículos anteriores y posteriores a nuestro pasaje para entender lo que estamos estudiando? ¿Qué nos enseña el contexto histórico? Estas preguntas pueden ayudarte a conocer el universo del pasaje. Cuando estudiamos la Palabra, es de vital importancia que aprendamos a estudiar cada libro y pasaje en particular dentro del contexto en el que se encuentra.

• *Tema unificador*: cuando hablamos de tema unificador, nos estamos refiriendo a la idea central del libro o pasaje que estamos estudiando. En cada libro o pasaje que estudies, encontrarás temas recurrentes. El tema unificador es el mensaje principal que nos comunica el pasaje.

Usando una vez más el pasaje anterior de Colosenses 2:6-23, el tema unificador sería «Como han recibido la vida en Cristo, caminen en Él y no se dejen cautivar por falsas enseñanzas».

III- PROFUNDIZA EN SUS VERDADES

En esta sección tienes la oportunidad de profundizar en el pasaje a través de un análisis del texto y la búsqueda de otros pasajes de la Escritura relacionados con la lectura.

IV- APLÍCALO A TU VIDA

Después de haber orado, analizado y profundizado en las verdades contenidas en el pasaje del día, esta sección te permitirá aplicar a tu vida el tema estudiado a través de preguntas que te ayudarán a pensar cómo el pasaje hará la diferencia en tu corazón y tus acciones.

V- RESPONDE EN ORACIÓN

Cada día, esta sección finaliza motivándote a orar por lo estudiado. La oración va dirigida a cuatro áreas: adoración, agradecimiento, confesión y súplica. Algunas cosas importantes que debes recordar a lo largo de tu estudio:

1. ¡No te apresures en hacerlo! El objetivo de este estudio es que tengas un encuentro con el Señor cada día a través de Su Palabra. No sientas que debes responder cada pregunta o que debes terminar el estudio en cinco semanas. Puedes tomarte más tiempo si lo necesitas. No pierdas de vista tu objetivo: conocer más a tu Señor a través de Su Palabra.

2. No te desanimes si pierdes un día de estudio. ¡Vuelve a intentarlo al día siguiente!

3. Una vez que termines este estudio, te animo a que no te detengas. Sigue estudiando Su Palabra. Oro para que este estudio despierte en ti un hambre por Su Palabra, para que busques saciarte cada día.

Que Dios use este estudio para que puedas crecer, ser ministrada y confrontada, así como yo lo he sido al prepararlo. Que las verdades de Su Palabra tengan un efecto transformador en tu vida y que puedas crecer en el conocimiento del Dios santo.

«Así dice el Señor: No se gloríe el sabio de su sabiduría, ni se gloríe el poderoso de su poder, ni el rico se gloríe de su riqueza; mas el que se gloríe, gloríese de esto: de que me entiende y me conoce, pues yo soy el Señor que hago misericordia, derecho y justicia en la tierra, porque en estas cosas me complazco —declara el Señor» (Jer. 9:23-24).

Introducción a la Primera Carta de Juan

Sobre el autor

La Primera Carta de Juan es una de las tres cartas que llevan el nombre del mismo autor, Juan, el hijo de Zebedeo. Él es también autor del cuarto Evangelio y del Libro de Apocalipsis.

Algunas de las cosas que podemos ver en la Escritura sobre este autor:

- Es llamado en la Palabra como «el discípulo a quien Jesús amaba» (Juan 21:20).

- Estuvo a los pies de Jesús cuando fue crucificado (Juan 19:26-27).

- Junto a Pedro, fue testigo de la tumba vacía (Juan 20:2-10), y luego fue pilar de la iglesia (Hech. 1–5).

Fecha y trasfondo

Esta carta fue escrita antes del 90 d.C., probablemente desde Éfeso, lugar al que Juan se había mudado luego de la caída de Jerusalén.

La Primera Carta de Juan es una respuesta al surgimiento de una forma temprana de gnosticismo que propagaba un entendimiento falso de la salvación. Esa corriente parecía enseñar que la redención viene de afirmar una luz divina que ya está en nuestro interior, y no a través del arrepentimiento y la fe en la obra redentora de Cristo.

Género y estilo

El Libro de 1 Juan se encuentra dentro del género de las epístolas, si bien posee un estilo muy característico. En esta carta, el autor raramente sostiene una línea de argumentación por más de unas cuantas líneas o versículos. En vez de finalizar una discusión para luego pasar a otra, con frecuencia vemos a Juan dejando un tema para luego retornar a él. Los temas en esta epístola cambian prácticamente en cada párrafo, por lo que es mejor pensar en términos de párrafos mientras leemos el libro. Además, Juan tiende a presentar las cosas en términos de blanco y negro; rara vez matiza sus enseñanzas.

Tema

A lo largo de 1 Juan podemos ver al autor llamando a sus lectores a la verdadera doctrina: una vida de obediencia y una ferviente devoción por el Señor. Esta carta de Juan no es una lista de qué hacer o qué no hacer; es más bien un manifiesto que proclama: «¡Consumado es!» y cómo de esta realidad fluye una vida de intensa obediencia y amor por nuestro Dios.

- La manifestación del Verbo de vida, Jesucristo, el verdadero Dios y la vida eterna.

- La presencia del pecado en nuestra vida, la certeza del perdón y la limpieza en Cristo al confesar nuestros pecados.

- Aquellas que están en Cristo guardan Sus mandamientos y se distinguen por su amor las unas a las otras.

- La expresión máxima del amor es que Jesús dio Su vida por nosotras, y nuestro llamado es a hacer lo mismo por nuestras hermanas.

- Negar a Jesús como el Hijo de Dios encarnado es negar al Padre.

- La fe puesta en Jesús da como resultado el perdón de nuestros pecados, la confianza de que si pedimos conforme a Su voluntad Él nos oye, y el conocimiento de Jesús, el verdadero Dios, y la vida eterna.

PRIMERA
SEMANA

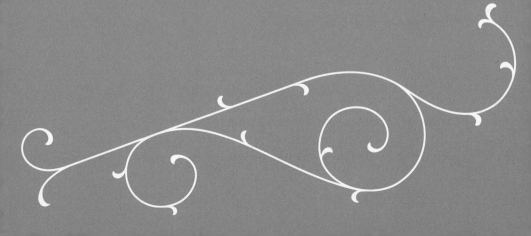

Día 1

Antes de hacer cualquier otra cosa, te invito a presentarte delante de Dios en oración. Pídele que aquiete tu espíritu, que abra tu mente y tu corazón a Su Palabra y que te muestre las maravillas de Su Ley; que te dé entendimiento, te guíe a Su verdad, confronte tu corazón y te dé arrepentimiento.

«Meditaré en tus preceptos, y consideraré tus caminos.
Me deleitaré en tus estatutos, y no olvidaré tu palabra».
Salmos 119:15-16

Lee la carta completa de 1 Juan. Esto te permitirá tener una idea general sobre el libro que estudiaremos.

Una vez que hayas leído la carta completa, lee el capítulo 1 de 1 Juan por lo menos dos veces, para que puedas familiarizarte con el texto. En tu lectura de este primer capítulo, procura contestar lo siguiente:

¿Qué palabras importantes se repiten?

_____

_____

¿Qué ideas se repiten?

_____

_____

¿Qué atributo de Dios se enfatiza o exalta?

_____

_____

¿Hay alguna idea que pareciera confusa?

_____

_____

¿Cuáles temas encuentras en el primer capítulo?

_____

Día 2

PREPARA TU CORAZÓN

ANALIZA EL PASAJE

Pasaje del día: *1 Juan 1:1-2*

Los siguientes puntos te ayudarán en el camino a entender este pasaje.

TEMAS

¿Cuáles son los temas principales de este pasaje?

ESTRUCTURA

¿Cuáles son las distintas partes de este pasaje?

CONTEXTO

¿Cómo este pasaje se relaciona con los versos posteriores del libro?
¿Cómo se relacionan con los versos que le siguen?

TEMA UNIFICADOR

¿Cuál crees que es el tema unificador de este pasaje?

PROFUNDIZA EN SUS VERDADES

«Acerca del Verbo de vida».

En los primeros versículos de esta carta vemos al apóstol Juan presentando y enfatizando en aquello que él y los demás apóstoles habían visto y oído, lo que habían contemplado y lo que habían tocado sus manos acerca del Verbo de vida. Esta vida de la que ellos dan testimonio se manifestó en carne: Jesucristo, Hijo de Dios, Hijo del hombre.

Juan hace un énfasis recurrente en que ellos fueron testigos de la naturaleza humana de Cristo. Con esto, el apóstol parece advertir a sus lectores sobre las falsas doctrinas que niegan la naturaleza humana, el aspecto físico y la resurrección corporal de Jesús.

Los receptores de esta carta necesitaban estar apercibidos de aquellas falsas doctrinas que negaban la encarnación y la deidad de Jesús. Pero el entendimiento de esta maravillosa verdad no fue importante solo para los que recibieron esta carta en aquella época, sino que lo es para nosotros hoy también.

¿Qué importancia de la humanidad de Cristo y su resurrección puedes encontrar en los siguientes pasajes?

HEBREOS 2:17; 4:15

ROMANOS 5:12-21

FILIPENSES 3:20-21

En Cristo Jesús, el eterno Verbo de Dios se hizo hombre.

«Cuando Dios se hizo hombre, Él echó a un lado toda pretensión de los hombres de ser Dios en sus propias vidas; la autoridad le pertenece a Él», John Piper.

APLÍCALO A TU VIDA

No tenemos un sumo sacerdote que no pueda compadecerse de nosotros. Dios se hizo hombre y fue varón de dolores y experimentado en sufrimiento (Isa. 53:3). Él conoce nuestros dolores y no es ajeno a nuestras necesidades (Mat. 6:32). Pero también ese mismo Dios hecho hombre tiene toda potestad y autoridad sobre todo lo que existe, incluyendo nuestras vidas (Fil. 2:10).

¿De qué manera la soberanía de Dios en la encarnación debe afectar tu vida? ¿Puedes decir que tienes un corazón que confía en el cuidado y la soberanía de Dios?

¿Puedes identificar algún área de tu vida en la que desconfías del cuidado y la soberanía de Dios? ¿Tus relaciones? ¿Tu cuerpo? ¿Tu vida de servicio? ¿Tu tiempo de intimidad con Dios? ¿Tus finanzas? ¿Alguna otra área?

RESPONDE EN ORACIÓN

Adora: Glorifica a Dios por Su obra de reconciliación a través de Jesucristo. Alábale por Su gloriosa encarnación, porque el Dios eterno se hizo hombre, porque el dueño de todo vino a nacer en un pesebre, conociendo de antemano Sus sufrimientos en la cruz.

Agradece: Da gracias a Dios por Su continuo perdón y misericordia para ti.

Confiesa: Ve delante de Dios y confiesa tu pecado de desconfianza en Él y tu rebeldía a Su autoridad.

Suplica: Pídele a Dios que te dé un corazón rendido a Su autoridad en todas las áreas de tu vida y que te permita confiar en Su cuidado en todo tiempo.

Día 3

PREPARA TU CORAZÓN

> *Usa este salmo para orar al Señor:*
> *«Con todo mi corazón te he buscado; no dejes que me desvíe de tus mandamientos.*
> *En mi corazón he atesorado tu palabra, para no pecar contra ti».*
>
> Salmos 119:10-11

ANALIZA EL PASAJE

Pasaje del día: *1 Juan 1:3-4*

Los siguientes puntos te ayudarán a marcar el camino en el proceso de entender este pasaje.

TEMAS

¿Cuáles son los temas principales de este pasaje?

_____

_____

ESTRUCTURA

¿Cuáles son las distintas partes de este pasaje?

_____

_____

CONTEXTO

¿Cómo este pasaje se relaciona con los versos posteriores del libro?

¿Cómo se relacionan con los versos que le siguen?

_____

_____

¿Cuál crees que es el tema unificador de este pasaje?

PROFUNDIZA EN SUS VERDADES

«Para que nuestro gozo sea completo».

En los primeros versículos de esta carta vimos al apóstol Juan testificando la encarnación de Jesús. Ahora en estos próximos versos vemos que la razón por la que los apóstoles proclamaron lo que habían visto y oído es para que sus lectores puedan tener comunión con ellos.

Juan establece de manera clara que la comunión con ellos es con el Padre y con Su Hijo Jesucristo (v. 3).

Los lectores de esta carta podrán tener comunión con ellos a través de su comunión con Jesucristo; al producirse esta comunión, el gozo de los apóstoles es completo. El gozo más grande que los apóstoles podían tener era ver a los creyentes aumentar en gracia y conocimiento del Señor Jesús. El deseo de Juan es que estos creyentes vivan en plena comunión con Dios.

Esta comunión es una experiencia personal de compartir algo significativo y en común con otros. Tener comunión con el Padre y con el Hijo es amar lo que ellos aman y deleitarse en ellos.

La comunión que Juan busca es una hermandad, pero una hermandad basada en las verdades del evangelio, en la verdad de que el Hijo de Dios se hizo hombre y habitó entre nosotros (Juan 1:14).

En la Biblia encontramos a los creyentes teniendo distintos tipos de comunión:

¿Cuáles puedes identificar a través de los siguientes versículos?

1 JUAN 1:3

---

1 CORINTIOS 1:9

15

HECHOS 2:42

FILIPENSES 1:5

APLÍCALO A TU VIDA

La comunión de la que Juan nos habla es comunión con el Padre y con el Hijo. Esta comunión es una relación de intimidad que solo puede ser posible a través de la muerte y resurrección de Jesús. ¿Estás segura de que tienes esa comunión? ¿Es Jesús el salvador de tu alma y el puente a tu comunión con el Padre? Si no es así, necesitas reconocer delante de Dios tu condición de pecadora, arrepentirte de tus pecados y admitir que solo a través de Jesús puedes tener la salvación de tus pecados. Su obra en la cruz es la paga que nosotros merecíamos por nuestra maldad.

¿Cómo es tu relación con el Señor? ¿Puedes decir que tienes una vida de intimidad con Él?

¿Tienes comunión con otros hermanos? ¿Caracterizan el amor y el servicio tu relación con los demás?

RESPONDE EN ORACIÓN

Adora: Glorifica a Dios por el sacrificio de Su Hijo que nos permite tener comunión con Él.

Agradece: Da gracias a Dios por el privilegio de poder tener comunión con Él a través de Jesucristo.

Confiesa: Confiesa delante de Él cualquier negligencia de tu parte al buscar tener una relación de intimidad más profunda con Él y con otros hermanos.

Suplica: Pídele a Dios que te dé un corazón que anhele vivir en intimidad y comunión con tu Salvador y que te enseñe a tener una vida caracterizada por el amor y el servicio a los otros.

 Día 4

PREPARA TU CORAZÓN

Usa este salmo para orar al Señor:

«Meditaré en tus preceptos, y consideraré tus caminos. Me deleitaré en tus estatutos, y no olvidaré tu palabra. Favorece a tu siervo, para que viva y guarde tu palabra. Abre mis ojos, para que vea las maravillas de tu ley».

Salmos 119:15-18

ANALIZA EL PASAJE

Pasaje del día: *1 Juan 1:5-7*

Los siguientes puntos te ayudarán a marcar el camino en el proceso de entender este pasaje.

TEMAS

¿Cuáles son los temas principales de este pasaje?

ESTRUCTURA

¿Cuáles son las distintas partes de este pasaje?

_____

_____

CONTEXTO

¿Cómo este pasaje se relaciona con los versos posteriores del libro?

¿Cómo se relacionan con los versos que le siguen?

_____

_____

TEMA UNIFICADOR

¿Cuál crees que es el tema unificador de este pasaje?

_____

_____

PROFUNDIZA EN SUS VERDADES

«Si andamos en la luz».

Dios es luz. No solo es el creador de ella: Él es la luz en sí mismo. Él habita en luz inaccesible (1 Tim. 6:16). Y la luz se encarnó y vino al mundo en Jesucristo, y en Él vemos la luz eterna de Dios (Juan 1:9).

Dios y las tinieblas son totalmente opuestos. Cualquiera que tiene comunión con Dios no puede andar en tinieblas porque en Él no hay tiniebla alguna. Una vida de comunión con Dios es una vida caracterizada por la obediencia a Su Palabra. El creyente no puede decir que tiene comunión con Él y andar en tinieblas. Cuando vivimos esta contradicción, tal como nos dice el apóstol Juan, mentimos y no practicamos la verdad. No podemos tener una comunión confesada, pero no vivida (comp. Isa. 29:13).

En este pasaje, Juan nos habla sobre el andar en tinieblas, de tener una vida caracterizada por las obras de las tinieblas. Esas obras son aquellas que no pueden estar delante de la luz de Dios, aquellas que son totalmente opuestas a las verdades de las Escrituras.

En Gálatas 5:19-21, el apóstol Pablo nos habla de las obras de la carne. ¿Puedes mencionar algunas obras de la carne de las que fuiste rescatada? ¿Cosas que antes te caracterizaron, pero ya no más?

_____

_____

Una palabra importante que encontramos varias veces en el primer capítulo de 1 Juan es «comunión». Juan nos enseña que no podemos decir que tenemos comunión con Dios y andar en tinieblas. Tener una vida de comunión con Dios es vivir «Coram Deo», de cara a Dios. Es vivir cada momento y cada área de nuestra vida con plena conciencia de que Dios está ahí, de que no hay nada oculto para Él y de que cada cosa que haga, diga, sienta o piense debe glorificar Su nombre. Nuestro llamado es a andar en la luz.

El versículo 7 nos muestra dos cosas importantes que ocurren si andamos en la luz:

«Si andamos en la luz, [...] tenemos comunión los unos con los otros».

¿Por qué crees que andar en la luz nos lleva a tener comunión los unos con los otros?

_____

_____

¿Cómo se relaciona esto con Mateo 22:37-38?

_____

_____

«Si andamos en la luz, [...] la sangre de Jesús su Hijo nos limpia de todo pecado».

Andar en la luz implica que tenemos comunión con Dios. Si tenemos comunión con Dios, la obra de Cristo en la cruz nos ha limpiado de todo pecado porque el Justo murió por el injusto y ya «consumado es», la deuda está pagada (Juan 19:30). Por medio de la muerte de Cristo, el pecado ya no tiene dominio sobre nosotros y estamos capacitados para tener comunión con Dios (Ef. 2:18). En Jesús tenemos el perdón del Padre para salvación en el día final, pero si andamos en la luz también podemos tener Su perdón por cada pecado que cometemos diariamente.

APLÍCALO A TU VIDA

No podemos decir que tenemos comunión con Dios y andar en tinieblas. ¿Qué frutos de justicia puedes ver en tu vida (comp. Gál. 5:22-23)? ¿Qué da testimonio de que andas en comunión con Dios?

_____

_____

¿Puedes decir que vives «Coram Deo»? ¿Puedes decir una o dos áreas en las que estás andando en luz, de cara a Dios?

_____

_____

¿Puedes pensar en una o dos áreas de tu vida que no están de cara a Él? Esas son las áreas que tienes que llevar a la luz.

_____

_____

RESPONDE EN ORACIÓN

Adora: Exalta al Señor por el perdón que podemos encontrar en Él a través de Su obra redentora. Glorifica Su nombre porque Él es luz y en Él no hay tiniebla alguna.

Agradece: Da gracias a Dios porque la sangre de Jesús nos limpia de todo pecado.

Confiesa: Presenta delante de Dios cualquier área que hayas podido identificar en la que estás andando en tinieblas.

Suplica: Pídele a Dios que te permita vivir conforme a la realidad de que el pecado ya no tiene dominio sobre ti porque fue vencido en la cruz, y que Él se haga fuerte en tu debilidad.

Día 5

PREPARA TU CORAZÓN

> *Usa este salmo para orar al Señor:*
>
> *«Hazme entender el camino de tus preceptos, y meditaré en tus maravillas».*
>
> Salmos 119:27

ANALIZA EL PASAJE

Pasaje del día: *1 Juan 1:8-10*

Los siguientes puntos te ayudarán a marcar el camino en el proceso de entender este pasaje.

TEMAS

¿Cuáles son los temas principales de este pasaje?

ESTRUCTURA

¿Cuáles son las distintas partes de este pasaje?

CONTEXTO

¿Cómo este pasaje se relaciona con los versos posteriores del libro?
¿Cómo se relacionan con los versos que le siguen?

TEMA UNIFICADOR

¿Cuál crees que es el tema unificador de este pasaje?

PROFUNDIZA EN SUS VERDADES

«Si confesamos nuestros pecados».

Algunos de los oponentes de la verdad de Cristo suponían que en ellos no había pecado porque habían alcanzado una etapa de «perfección». En estos versos, vemos a Juan afirmando a sus lectores que el pensar que no tenemos pecado es engañarnos a nosotros mismos y hacer a Dios mentiroso, ya que esto es completamente contrario a lo que Él ha revelado.

La verdad de que todo ser humano es pecador la encontramos a lo largo de las Escrituras. Por eso necesitamos un salvador. Todo pecador tiene una deuda con Dios, y cada pecado confirma y aumenta la deuda. Solo aquel que viva una vida perfecta y justa (sin un solo pecado) no tendrá ninguna deuda. Más bien, tendrá méritos para saldar la deuda por nosotros. Ese es el perfecto, Cristo Jesús.

¿Qué verdad tienen en común los siguientes pasajes con relación a Jesús y nosotras?

LUCAS 11:4 - ROMANOS 3:12 - ROMANOS 6:23 - SALMO 14:3 - SALMO 53:3

El apóstol Juan deja claramente establecida la presencia del pecado en nosotras: «Si decimos que no tenemos pecado, nos engañamos a nosotros mismos y la verdad no está en nosotros» (v. 8). El pecado es algo que hacemos porque es algo que somos, «[p]ero Dios demuestra su amor para con nosotros, en que siendo aún pecadores, Cristo murió por nosotros» (Rom. 5:8).

Luego de establecer la presencia del pecado, el apóstol continúa en el versículo 9 dejándonos ver aquello que necesitamos hacer de manera constante con nuestros pecados. En este versículo encontramos una condición, un hecho y una promesa.

Condición: «Si confesamos nuestros pecados». Esta condición implica un arrepentimiento continuo por nuestros pecados. El arrepentimiento nos lleva a confesar de corazón nuestro pecado delante de Dios.

Hecho: «Él es fiel y justo». Dios es un Dios que no falta a sus promesas y es pronto para perdonar.

¿Qué te enseñan los siguientes pasajes sobre el carácter de Dios?

JEREMÍAS 31:34 - HEBREOS 8:12 - HEBREOS 10:17

Promesa: «Para perdonar nuestros pecados, y limpiarnos de toda maldad». Dios cancela la deuda del deudor de manera inmediata y nos lleva a la santificación a través de Su limpieza en nosotros (comp. Isa. 1:18).

APLÍCALO A TU VIDA

La presencia del pecado en nuestras vidas es algo que no podemos negar. Susana Wesley definió el pecado de la siguiente manera:

Pecado es todo lo que debilite tu razonamiento, trastorne la ternura de tu conciencia, nuble tu sentido de Dios o robe tu deleite en las cosas espirituales. En suma, cualquier cosa que aumente el poder y el dominio de la carne sobre el Espíritu, eso será para ti pecado, por más bueno que sea en esencia.

De acuerdo a esta definición, ¿qué puedes identificar en tu vida como pecado? ¿Algo que te venga a la mente rápidamente?

Confiesa esas áreas de pecado en tu vida y recuerda que Él es fiel y justo para perdonarte y limpiarte de tu maldad.

RESPONDE EN ORACIÓN

Adora: Alaba Su nombre por Su fidelidad para con nosotros, porque siendo aún pecadores Cristo murió por nosotros.

Agradece: Da gracias a Dios por Su perdón que continuamente extiende hacia nosotras.

Confiesa: Lleva delante de Dios cualquier área de pecado que hayas podido identificar en tu vida. Busca Su perdón y restauración por medio de Cristo.

Suplica: Pídele a Dios que santifique tu vida y transforme en ti esas áreas de pecado, que te limpie de toda maldad.

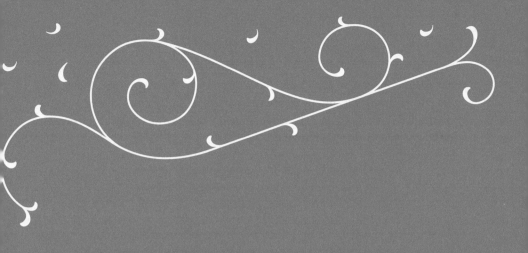

SEGUNDA SEMANA

Antes de continuar, te invito a presentarte delante de Dios en oración. Pídele que aquiete tu espíritu, que abra tu mente y tu corazón a Su Palabra y que te muestre las maravillas de Su Ley; que te dé entendimiento, te guíe a Su verdad, confronte tu corazón y te mueva al arrepentimiento.

«Meditaré en tus preceptos, y consideraré tus caminos.
Me deleitaré en tus estatutos, y no olvidaré tu palabra».
Salmos 119:15-16

Te invito a leer el capítulo 2 de 1 Juan por lo menos dos veces, para que puedas familiarizarte con el texto. En tu lectura, procura contestar lo siguiente:

¿Qué palabras importantes se repiten?

_____

_____

¿Qué ideas se repiten?

_____

_____

¿Qué atributo de Dios se enfatiza o exalta?

_____

_____

¿Hay alguna idea que pareciera confusa?

_____

_____

¿Qué temas encuentras en el segundo capítulo?

_____

_____

Día 2

PREPARA TU CORAZÓN

Usa este salmo para orar al Señor:

«Enséñame, oh Señor, el camino de tus estatutos, y lo guardaré hasta el fin.

Dame entendimiento para que guarde tu ley y la cumpla de todo corazón.

Hazme andar por la senda de tus mandamientos, porque en ella me deleito».

Salmos 119:33-35

ANALIZA EL PASAJE

Pasaje del día: *1 Juan 2:1-6*

Los siguientes puntos te ayudarán a marcar el camino en el proceso de comprensión de este pasaje.

TEMAS
¿Cuáles son los temas principales de este pasaje?

ESTRUCTURA
¿Cuáles son las distintas partes de este pasaje?

CONTEXTO
¿Cómo se relaciona este pasaje con los versículos anteriores del libro?
¿Cómo se relaciona con los versículos que le siguen?

TEMA UNIFICADOR

¿Cuál crees que sea el tema unificador de este pasaje?

PROFUNDIZA EN SUS VERDADES

«Abogado tenemos para con el Padre».

Juan comienza esta carta expresando a sus lectores: «Estas cosas os escribo para que no pequéis». Es importante recordar que todo el capítulo anterior sirve como estímulo para que seamos intencionales al evitar el pecado. Pecar no es poca cosa: es insubordinación contra la Ley de Dios y un insulto a la obra de Cristo en la cruz.

A la vez, Dios conoce la debilidad humana, y en el capítulo anterior el apóstol Juan nos enseña que, si decimos que no tenemos pecado, nos engañamos a nosotros mismos y la verdad no está en nosotros (1 Jn. 1:8). Al conocer la realidad del pecado, Juan nos deja la esperanza de Cristo Jesús como nuestro Abogado frente al Padre.

¿Qué nos enseñan estos pasajes sobre nuestra necesidad de Cristo como Abogado?

JUAN 3:36

ROMANOS 5:9-11

EFESIOS 2:1-7

El pastor John Piper nos ilustra la manera en la que Cristo intercede como nuestro abogado: «Cristo es nuestro abogado y Su portafolio es Su propiciación. Él se levanta frente a Su Padre en los cielos y, cada vez que pecamos, Él no hace una nueva propiciación, Él no muere una y otra vez. En lugar de eso, Él abre Su portafolio y expone ante el Juez las obras del viernes santo, fotografías de la corona de espinas, los azotes, las burlas de los soldados, las agonías de la cruz y el grito final de victoria: "consumado es"».

«Él mismo es la propiciación por nuestros pecados, y no sólo por los nuestros, sino también por los del mundo entero» (1 Jn. 2:2).

La palabra *propiciación* hace referencia a la acción de aplacar la ira de alguien a través de una ofrenda. Cristo fue la ofrenda entregada para aplacar la ira de Dios por nuestros pecados (Rom. 3:24; Heb. 2:17). La obra y el sacrificio de Cristo se hacen extensivos a cada persona, de todo el mundo, que deposite su fe en Él. Aunque en este versículo Juan nos dice que Cristo murió por los pecados «de todo el mundo», esta frase no tiene una connotación individual, sino global. Juan evita que su audiencia piense que la salvación les pertenece solo a ellos. Pensar que Cristo murió por todas y cada una de las personas no es consistente con la revelación completa de la Escritura. De ser así, Su sacrificio sería insuficiente, ya que no todos reciben vida eterna (Juan 3:16; Juan 6:40; Rom. 10:4).

La mujer que conoce a Jesús, que ha depositado su fe en Él, obtiene salvación. Juan nos enseña en este capítulo que la manera en la que podemos saber si lo hemos llegado a conocer es si guardamos Sus mandamientos (1 Jn. 2:3-5). Nuestra obediencia a Su Palabra es la evidencia de que lo conocemos. Conocer a Cristo necesariamente produce obediencia a Su Palabra (Juan 14:15), y aquel que dice que permanece en Él debe andar como Él anduvo (Juan 13:15).

APLÍCALO A TU VIDA

Cristo no solo murió por tus pecados y los míos: Él pagó en la cruz por los pecados de todo aquel que crea en su corazón y confiese con su boca que Jesús es el Señor. ¿Estás tú quedándote con el tesoro de la salvación para ti sola? ¿Compartes con los demás las hermosas verdades del evangelio? ¿Estás cumpliendo con tu llamado de ir y hacer discípulos (Mat. 28:19)? Si no lo haces, ¿qué excusa te has puesto? Y ¿qué vas a hacer para cambiar?

Todo aquel que conoce a Jesús debe vivir una vida de obediencia a Su Palabra. ¿Está tu vida caracterizada por el sometimiento a Sus mandamientos? ¿O hay algún área de tu vida en particular que no estás sometiendo a Dios?

¿Qué te enseñan los siguientes versículos sobre lo que puedes hacer para cambiar?

SALMOS 32:3-5

SALMOS 119:9-11

---

1 JUAN 1:9

RESPONDE EN ORACIÓN

Adora: Exalta el nombre de Jesús por Su obra en la cruz. Bendice Su nombre porque Su muerte sirvió como propiciación por tus pecados.

Agradece: Da gracias al Señor porque en medio de nuestro pecado, Abogado tenemos para con el Padre.

Confiesa: Lleva delante del Señor cualquier área de insubordinación a Su Ley que hayas identificado.

Suplica: Pídele a Dios que te ayude a vivir entendiendo la horrenda realidad del pecado y que te ayude a ser intencional en guardar Su Palabra.

 Día 3

PREPARA TU CORAZÓN

Usa este salmo para orar al Señor:

«Confirma a tu siervo tu palabra, que inspira reverencia por ti».

Salmos 119:38

ANALIZA EL PASAJE

Pasaje del día: *1 Juan 2:7-14*

Los siguientes puntos te ayudarán a marcar el camino en el proceso de comprensión de este pasaje.

TEMAS

¿Cuáles son los temas principales de este pasaje?

ESTRUCTURA

¿Cuáles son las distintas partes de este pasaje?

CONTEXTO

¿Cómo se relaciona este pasaje con los versículos anteriores del libro?

¿Cómo se relaciona con los versículos que le siguen?

TEMA UNIFICADOR

¿Cuál crees que es el tema unificador de este pasaje?

PROFUNDIZA EN SUS VERDADES

«El que ama a su hermano, permanece en la luz».

En los versículos 7 a 11, Juan retoma el tema del amor fraternal. En estos pasajes, el apóstol explica a sus lectores que el mandamiento que les escribe es un mandamiento antiguo que han tenido desde el principio, pero luego indica que les escribe un mandamiento nuevo. ¿Está hablando Juan del mismo mandamiento?

Al leer este pasaje podemos notar que el mandamiento al que Juan hace referencia es el mandamiento del amor fraternal. Este es antiguo porque desde el Antiguo Testamento podemos ver que Dios llama a Su pueblo al amor fraternal (Lev. 9:18; Deut. 6:5). Ahora, este mismo mandamiento fue señalado por Jesús como un «mandamiento nuevo» (Juan 13:34), no porque no haya existido antes, sino porque Él le da un mayor significado al enseñar la parábola del buen samaritano (Luc. 10:25-37) y cuando enseñó que el precepto de amor al prójimo se extendía aun a los enemigos (Mat. 5:43-44). El mandamiento es «nuevo» porque estamos llamados a amarnos como Jesús nos ha amado. Su ejemplo vivo de amor sacrificial hasta la muerte le da una cadencia que no tenía anteriormente.

El tema del amor al hermano se repite constantemente en esta carta. ¿Lo has notado? Juan continúa haciendo una relación entre amar al hermano y estar en la luz (1 Jn. 2:9-11). El amor al hermano es evidencia de que estamos en la luz, y estar en la luz significa estar en Él, porque Dios es luz (1 Jn. 1:5).

FILIPENSES 2:15

_____

_____

1 TESALONICENSES 5:5

_____

_____

«El que ama a su hermano, permanece en la luz y no hay causa de tropiezo en él» (1 Jn. 2:10). La Palabra nos enseña que ella es lámpara a nuestros pies y luz a nuestro camino (Sal. 119:105). La mujer que permanece en la luz está bajo Su Palabra y no hay causa de tropiezo en ella porque la Palabra es luz para su camino.

Luego de hablarnos del amor al hermano, Juan pasa a una próxima sección, donde aparentemente se está dirigiendo a distintos grupos (Juan 2:12-14). Sobre este pasaje y los grupos a los que Juan se dirige, podemos obtener distintas interpretaciones:

- Algunos entienden que Juan se está dirigiendo a dos grupos de edades en la iglesia: los padres y los jóvenes.

- Otra interpretación es que estos grupos simbolizan estados de madurez de la vida espiritual y, que cuando Juan se refiere a los «hijos», se está refiriendo a todos sus lectores y nos deja entonces con el grupo de los padres, los jóvenes y los niños.

Quisiera destacar aquello que Juan les dice a los jóvenes: «Os he escrito a vosotros, jóvenes, porque sois fuertes y la palabra de Dios permanece en vosotros y habéis vencido al maligno» (1 Jn. 2:14). Satanás es conquistado a través de la fortaleza que viene de tener la Palabra de Dios permaneciendo en nosotros, y esta es una verdad que también cuenta para ti y para mí.

APLÍCALO A TU VIDA

Juan nos habló en el pasaje de hoy sobre el amor fraternal, y la Palabra misma nos da una definición sobre el amor (1 Cor. 13:4-7).

¿Cuáles características puedes encontrar en este pasaje de 1 Corintios sobre el amor?

_____

_____

¿Cómo sientes que está tu vida en cuanto al amor fraternal? ¿Se sienten tus hermanos amados por ti?

Jesús nos dejó el mandamiento de amar a nuestro prójimo como a nosotras mismas y de amar aun a nuestros enemigos. ¿Viene alguien a tu mente con quien no estés cumpliendo este mandamiento?

En el pasaje de hoy, el apóstol Juan también nos enseñó que aquel que es fuerte y vence al maligno es el que permanece en Su Palabra (1 Jn. 2:14). ¿Cómo defines el «permanecer en Su Palabra»? ¿Qué caracteriza a aquel que tiene esta permanencia?

¿Es esto lo que caracteriza tu vida? En caso de que tu respuesta sea negativa, ¿qué puedes hacer al respecto?

RESPONDE EN ORACIÓN

Adora: Exalta al Señor por la pureza que hay en Él, porque Él es luz y tenemos la oportunidad de andar en la luz.

Agradece: Da gracias por la revelación que tenemos a través de Su Palabra, porque nos enseña cómo debemos andar.

Confiesa: Lleva delante del Señor cualquier pecado que hayas podido identificar a lo largo del estudio de este día, tales como falta de amor, ausencia de permanencia en Su Palabra o algún otro que el Señor te haya mostrado.

Suplica: Pídele a Dios que transforme aquellas áreas en las que has sido confrontada, que por amor a Su nombre transforme tu corazón a uno que sepa amar a Su manera y que permanezca en Su Palabra.

Día 4

PREPARA TU CORAZÓN

Usa este salmo para orar al Señor:

«*Postrada está mi alma en el polvo; vivifícame conforme a tu palabra.*

De mis caminos te conté, y tú me has respondido; enséñame tus estatutos.

Hazme entender el camino de tus preceptos, y meditaré en tus maravillas».

Salmos 119:25-27

ANALIZA EL PASAJE

Pasaje del día: *1 Juan 2:15-20*

Los siguientes puntos te ayudarán a marcar el camino en el proceso de comprensión de este pasaje.

TEMAS

¿Cuáles son los temas principales de este pasaje?

_____

_____

ESTRUCTURA

¿Cuáles son las distintas partes de este pasaje?

_____

_____

CONTEXTO

¿Cómo se relaciona este pasaje con los versículos anteriores del libro?

¿Cómo se relaciona con los versículos que le siguen?

_____

_____

¿Cuál crees que es el tema unificador de este pasaje?

PROFUNDIZA EN SUS VERDADES

«El que hace la voluntad de Dios permanece para siempre».

Siguiendo el estudio del capítulo 2 y ahora, en esta porción del texto, encontramos al apóstol Juan exhortando a sus lectores a no amar al mundo: «No améis al mundo ni las cosas que están en el mundo» (1 Jn. 2:15). La palabra *mundo* utilizada aquí hace referencia a un sistema de valores: se nos exhorta a no amar la filosofía de este mundo, su manera de pensar. Ahora, Juan no solo nos habla de no amar al mundo, sino que también nos enseña que no debemos amar las cosas que están en el mundo: nuestras posesiones, todo aquello que no tiene un valor eterno.

El apóstol Juan continúa haciendo una importante aclaración en el versículo 15: «Si alguno ama al mundo, el amor del Padre no está en él». No podemos decir que amamos al Padre si estamos amando al mundo; no podemos amar al mismo tiempo dos cosas totalmente opuestas.

¿Qué nos enseñan los siguientes pasajes sobre el amor al mundo?

MATEO 6:24

SANTIAGO 4:4

«Porque todo lo que hay en el mundo […] no proviene del Padre» (v. 16). Esta es la razón por la que no podemos amar al Padre y al mundo: todo lo que hay en el mundo no proviene del Padre.

«Y el mundo pasa, y también sus pasiones, pero el que hace la voluntad de Dios permanece para siempre» (v. 17). Este mundo es temporal y pasará. Lo contrario de amar al mundo es amar al Padre, pero amar al Padre implica hacer Su voluntad (Juan 14:15). La mujer que le obedece, que hace Su voluntad, vivirá con Él por siempre.

Luego de exhortar a sus lectores a no amar al mundo, Juan inicia una sección entorno a los anticristos que habían surgido en medio de ellos y les dice: «Hijitos, es la última hora...» (v. 18). Este último tiempo al que Juan se refiere podría verse como el período entre la primera y la segunda venida de Cristo. «Y así como oísteis que el anticristo viene...» (v. 18). Este primer término que Juan utiliza, «el anticristo», hace referencia al gobernante mundial que vendrá al final de los tiempos y por el poder de Satanás tratará de suplantar al Cristo verdadero y se opondrá a Él (Dan. 8:9-11; Mat. 24:15).

«También ahora han surgido muchos anticristos; por eso sabemos que es la última hora» (v. 18). Ahora bien, este segundo término, «anticristos», se refiere a aquellos falsos maestros que se levantaron en medio de sus lectores, los que salieron de ellos, pero en realidad no eran de ellos porque una de las características principales de los que están en Cristo es la permanencia (v. 19).

«Pero vosotros tenéis unción del Santo, y todos vosotros lo sabéis» (v. 20). ¿Qué es una unción? En los tiempos del Antiguo Testamento, los sacerdotes, los reyes y aun los profetas eran ungidos con aceite para marcar el comienzo de sus respectivos deberes. El aceite simbolizaba su consagración. La palabra *unción* en este texto se refiere no solo al aceite, sino al contenido de la unción, que parece ser el Espíritu Santo. El Espíritu da testimonio del significado permanente de la acción de ungir. Los cristianos reciben el don del Espíritu Santo del Santo. ¿Quién es el Santo? En el Nuevo Testamento, el Santo es Jesucristo (véase Mar. 1:24; Luc. 4:34; Juan 6:69; Hech. 3:14).

APLÍCALO A TU VIDA

Amamos al mundo demasiado porque no amamos a Dios demasiado. ¿En qué área has visto que estás menguando en tu amor por Dios? ¿Hay algún indicio de que estás amando la filosofía de este mundo? Esto podría verse en tu forma de hablar y pensar, pero también en lo que disfrutas hacer.

Medita en las verdades de Filipenses 3:20: ¿qué te enseña este pasaje con relación a no amar al mundo?

Nuestro amor debe estar en el Padre, y amar al Padre implica guardar Sus mandamientos (v. 17). ¿Cómo está tu obediencia a la Palabra de Dios?

RESPONDE EN ORACIÓN

Adora: Alaba a Dios por Jesucristo y Su obra en la cruz, que nos da la oportunidad de poder amar al Padre y no amar el mundo.

Agradece: Da gracias a Dios porque aquel que está en Él permanece para siempre, aunque el mundo y sus pasiones pasen.

Confiesa: Lleva delante de Dios cualquier indicio que hayas podido ver en ti de amor por este mundo y sus pasiones.

Suplica: Pídele al Señor que llene tu corazón de amor por Él, que lo que esté en ti sea el amor por el Padre y no por el mundo.

 **Día 5**

PREPARA TU CORAZÓN

> *Usa este salmo para orar al Señor:*
> *«Quita de mí el camino de la mentira, y en tu bondad concédeme tu ley.*
> *He escogido el camino de la verdad; he puesto tus ordenanzas delante de mí.*
> *Me apego a tus testimonios; Señor, no me avergüences. Por el camino de tus*
> *mandamientos correré, porque tú ensancharás mi corazón».*
>
> Salmos 119:29-32

ANALIZA EL PASAJE

Pasaje del día: *1 Juan 2:21-29*

Los siguientes puntos te ayudarán a marcar el camino en el proceso de comprensión de este pasaje.

TEMAS

¿Cuáles son los temas principales de este pasaje?

ESTRUCTURA

¿Cuáles son las distintas partes de este pasaje?

¿Cómo se relaciona este pasaje con los versículos anteriores del libro?

¿Cómo se relaciona con los versículos que le siguen?

TEMA UNIFICADOR

¿Cuál crees que es el tema unificador de este pasaje?

PROFUNDIZA EN SUS VERDADES

«El que confiesa al Hijo tiene también al Padre».

En el pasaje anterior vimos cómo Juan advertía a sus lectores sobre aquellos con falsas enseñanzas que se habían levantado en medio de ellos, a los que él llama anticristos. Ahora, en los próximos versículos el apóstol continúa advirtiéndoles al respecto: «No os he escrito porque ignoréis la verdad, sino porque la conocéis y porque ninguna mentira procede de la verdad» (v. 21). Debido a que los lectores de esta carta habían sido instruidos en la verdad, tienen la capacidad de exponer a la luz cualquier mentira que se levante en medio de ellos. Todo creyente con el Espíritu Santo tiene la capacidad de distinguir entre la verdad y el error.

«¿Quién es el mentiroso, sino el que niega que Jesús es el Cristo? Este es el anticristo, el que niega al Padre y al Hijo. Todo aquel que niega al Hijo tampoco tiene al Padre; el que confiesa al Hijo tiene también al Padre» (vv. 22-23).

Se entiende que las falsas enseñanzas que se habían levantado en medio de los lectores de esta carta provenían de un grupo llamado docetistas. Este grupo enseñaba que Jesús era solo un hombre que vivió y murió. Para ellos, Jesús no era el Cristo, y a este grupo Juan lo llama mentiroso. Aquel que niega que el Hijo de Dios se hizo hombre está por ende negando la relación Padre-Hijo que existe dentro de la Trinidad. El Padre y el Hijo están íntimamente relacionados: no hay manera de llegar al Padre si no es a través del Hijo (Juan 14:6). Juan continúa este capítulo dándoles a sus lectores la clave para permanecer firmes frente a las falsas enseñanzas: mantenerse firmes en lo que habían oído desde el principio, en la verdad del evangelio que habían aprendido. Y al permanecer en estas verdades, por ende, iban a permanecer también en su comunión con el Padre y el Hijo. ¿Cuál es la promesa de esta permanencia? La vida eterna (vv. 24-25).

«Y en cuanto a vosotros, la unción que recibisteis de Él permanece en vosotros, y no tenéis necesidad de que nadie os enseñe; pero así como su unción os enseña acerca de todas las cosas, y es verdadera y no mentira, y así como os ha enseñado, permanecéis en Él» (v. 27).

En estos versículos vemos al apóstol comunicando a sus lectores que no tienen necesidad de que nadie les enseñe. Al decir esto, Juan no menosprecia la importancia de la enseñanza eficaz de la Palabra. Jesús mismo instruyó a Sus discípulos en torno a la necesidad de esto (Mat. 28:20). Exponernos a la enseñanza de la Palabra en diferentes formas es esencial para nuestro crecimiento espiritual. Al decir que no tienen necesidad de que nadie les enseñe, Juan se refiere a los maestros con sus falsas enseñanzas. Cada mujer creyente lectora de esta carta tiene al Espíritu Santo, la unción (2 Cor. 1:21-22) que la guiará a discernir entre la verdad y el error (Juan 14:26).

«Y ahora, hijos, permaneced en Él, para que cuando se manifieste, tengamos confianza y no nos apartemos de Él avergonzados en su venida» (v. 28). En el cierre de este capítulo se reitera el llamado a permanecer, pero ahora Juan añade una razón para esta permanencia: no alejarnos avergonzadas cuando Cristo vuelva. Esto solo puede ser posible a través de Su obra redentora. «Si sabéis que Él es justo, sabéis también que todo el que hace justicia es nacido de Él» (v. 29). La mujer que ha nacido del Dios justo lleva un estilo de vida caracterizado por la justicia, que procura la obediencia a Sus mandamientos y vivir conforme a lo que Él es. Una vida de justicia y rectitud es una evidencia de haber nacido de Él.

¿Qué puedes aprender de los siguientes pasajes con relación a nuestra necesidad de llevar una vida de justicia y rectitud?

SANTIAGO 2:20,26

2 PEDRO 3:11

APLÍCALO A TU VIDA

¿Notaste la cantidad de veces que la palabra y la idea de permanencia se repiten en este capítulo? Cada vez que se menciona la necesidad de permanecer, lo vemos como algo imperativo. Permanecer no es algo pasivo: toda mujer debe buscar activamente esta permanencia.

¿Qué puedes aprender de estos pasajes con relación a nuestra necesidad de permanencia?
JUAN 8:31-32

FILIPENSES 2:12

En el pasaje de 1 Juan que acabamos de estudiar se nos recuerda que ¡Cristo vuelve! Su regreso es algo que, como creyentes, debemos anhelar. No obstante, mientras estamos aquí y esperamos Su venida, debemos procurar activamente traer el reino de la justicia de Dios.

¿Estás tú esperando activamente? Mientras esperas que Él vuelva, ¿estás procurando el avance de Su reino? ¿Cómo lo estás haciendo?

RESPONDE EN ORACIÓN

Adora: ¡Exalta al Señor porque Él vuelve!

Agradece: Dale gracias a Él porque por Su obra en la cruz no nos alejaremos avergonzadas en Su venida.

Confiesa: Lleva delante del Señor toda falta de una vida fuera de Su justicia. Confiesa si no has estado llevando una vida caracterizada por la rectitud.

Suplica: Pídele al Señor que te dé un corazón que anhele Su regreso y procure el avance de Su reino mientras esperas por Él.

TERCERA SEMANA

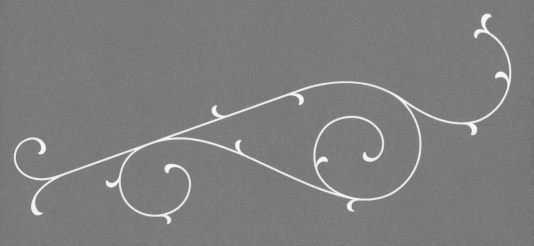

Día 1

Antes de continuar, te invito a presentarte delante de Dios en oración. Pídele que aquiete tu espíritu, que abra tu mente y tu corazón a Su Palabra y que te muestre las maravillas de Su Ley; que te dé entendimiento, te guíe a Su verdad, confronte tu corazón y te mueva al arrepentimiento.

«Meditaré en tus preceptos, y consideraré tus caminos.
Me deleitaré en tus estatutos, y no olvidaré tu palabra».
Salmos 119:15-16

Te invito a leer el capítulo 3 de 1 Juan por lo menos dos veces, para que puedas familiarizarte con el texto. En tu lectura, procura contestar lo siguiente:

¿Qué palabras importantes se repiten?

¿Qué ideas se repiten?

¿Qué atributo de Dios se enfatiza o exalta?

¿Hay alguna idea que pareciera confusa?

¿Qué temas encuentras en el tercer capítulo?

PREPARA TU CORAZÓN

Usa este salmo para orar al Señor:
«Confirma a tu siervo tu palabra, que inspira reverencia por ti.
Quita de mí el oprobio que me causa temor, porque tus juicios son buenos.
He aquí, anhelo tus preceptos; vivifícame por tu justicia».

Salmos 119:38-40

ANALIZA EL PASAJE

Pasaje del día: *1 Juan 3:1-3*

Los siguientes puntos te ayudarán a marcar el camino en el proceso de comprensión de este pasaje.

TEMAS

¿Cuáles son los temas principales de este pasaje?

_____

_____

ESTRUCTURA

¿Cuáles son las distintas partes de este pasaje?

_____

_____

CONTEXTO

¿Cómo se relaciona este pasaje con los versículos anteriores del libro?

¿Cómo se relaciona con los versículos que le siguen?

_____

_____

¿Cuál crees que es el tema unificador de este pasaje?

PROFUNDIZA EN SUS VERDADES

«Somos hijos de Dios».

«Mirad cuán gran amor nos ha otorgado el Padre, para que seamos llamados hijos de Dios; y eso somos. Por esto el mundo no nos conoce, porque no le conoció a Él» (1 Jn. 3:1). La mayor evidencia del amor del Padre se refleja en el regalo del Hijo. Cuán gran amor nos ha dado el Padre, ya que siendo pecadores, siendo Sus enemigos, Él se desprendió de Su Unigénito para que podamos ser llamadas hijas de Dios (Rom. 5:10).

Cuando somos hechas hijas de Dios, recibimos una nueva naturaleza, una que es distinta a la del mundo y que nos vuelve completamente extrañas a él. La Palabra misma nos llama «extranjeros y peregrinos» (Heb. 11:13; 1 Ped. 2:11).

El capítulo continúa con la realidad de que somos hijas de Dios, pero ahora añade algo más para nuestro deleite: «Amados, ahora somos hijos de Dios y aún no se ha manifestado lo que habremos de ser. Pero sabemos que cuando Él se manifieste, seremos semejantes a Él porque le veremos como Él es» (1 Jn. 3:2).

El hermoso estado actual de la mujer creyente como hija de Dios no es todo lo que llegaremos a ser. Juan nos enseña que, cuando Cristo se manifieste en Su regreso, seremos semejantes a Él. Seremos hechas conforme a Su imagen; ya no habrá más pecado en nosotras ni sus consecuencias. Ahora, que vayamos a ser hechas conforme a Su imagen no quiere decir que seremos idénticas a Él. Él es y seguirá siendo Dios: nosotros no lo somos ni lo llegaremos a ser.

La mujer creyente debe tener su esperanza en el regreso de su Rey, Cristo Jesús, pero esta debe producir un resultado en nosotras: «Y todo el que tiene esta esperanza puesta en Él, se purifica, así como Él es puro» (v. 3).

El pastor John MacArthur lo dice de la siguiente manera: «Vivir en la realidad del regreso de Cristo marca la diferencia en la conducta diaria de un cristiano». La esperanza de que Él regresará y de que llegaremos a ser como Él debe llevarnos, mientras esperamos, a imitarlo en Su santidad. El estándar de nuestra pureza es Jesús (1 Ped. 1:15).

APLÍCALO A TU VIDA

¡Cuán grande amor nos ha dado el Padre! ¿Has considerado la grandeza del amor de Dios mostrada a través de Jesucristo?

Busca el siguiente pasaje e identifica cuál era nuestra condición sin Cristo y lo que Dios hizo por nosotras:

EFESIOS 2:1-7

_____

_____

Nuestro Rey y Señor regresará y cuando vuelva seremos semejantes a Él. Mientras Él regresa, no estamos llamadas a quedarnos sin hacer nada, sino más bien a buscar ser santas como Él es santo. ¿Hay algún cambio específico en tu vida que debes hacer para buscar esa santidad?

_____

_____

_____

RESPONDE EN ORACIÓN

Adora: ¡Exalta al Padre por el gran amor que nos ha mostrado en Jesucristo!

Agradece: Da gracias porque Dios, que es rico en misericordia, por causa del gran amor con que nos amó, aun cuando estábamos muertas en nuestros delitos, nos dio vida juntamente con Cristo. Y no solo nos ha dado vida, ¡nos hizo Sus hijas!

Confiesa: Lleva delante del Señor cualquier área de tu vida que hayas podido identificar donde no estés procurando purificarte.

Suplica: Pídele al Señor que renueve en ti un asombro y agradecimiento por el gran amor con que Él nos ha amado, y que ese asombro te lleve a procurar una vida de santidad.

PREPARA TU CORAZÓN

> *Usa este salmo para orar al Señor:*
> *«No quites jamás de mi boca la palabra de verdad, porque yo espero en tus ordenanzas.*
> *Y guardaré continuamente tu ley, para siempre y eternamente».*
>
> Salmos 119:43-44

ANALIZA EL PASAJE

Pasaje del día: *1 Juan 3:4-12*

Los siguientes puntos te ayudarán a marcar el camino en el proceso de comprensión de este pasaje.

TEMAS

¿Cuáles son los temas principales de este pasaje?

_____

_____

ESTRUCTURA

¿Cuáles son las distintas partes de este pasaje?

_____

_____

CONTEXTO

¿Cómo se relaciona este pasaje con los versículos anteriores del libro?

¿Cómo se relaciona con los versículos que le siguen?

_____

_____

TEMA UNIFICADOR

¿Cuál crees que es el tema unificador de este pasaje?

_____

_____

PROFUNDIZA EN SUS VERDADES

«Ninguno que es nacido de Dios practica el pecado».

En esta porción aparecen dos palabras continuamente: *pecado* y *practicar*. El versículo 4 de este capítulo nos enseña que el pecado es infracción de la ley. ¿Qué ley? La Ley de Dios. Pecado es todo aquello que vaya en contra de lo que Dios es y lo que Él ha establecido en Su Palabra.

«Y vosotros sabéis que Él se manifestó a fin de quitar los pecados, y en Él no hay pecado» (v. 5).

Cristo se manifestó para quitar los pecados, pero ¿cómo es esto posible si aún seguimos pecando? La obra redentora de Cristo en la cruz nos ha liberado de la condena, la presencia y el poder del pecado: la condena del pecado porque Él pagó nuestra deuda, el poder del pecado porque Su muerte nos liberó de la esclavitud del pecado y la presencia del pecado de la que seremos liberadas cuando Cristo vuelva y seamos semejantes a Él.

«Todo el que permanece en Él, no peca; todo el que peca, ni le ha visto ni le ha conocido» (v. 6).

Este versículo no dice que permanecer en Él implica que ya no pecaremos nunca. En los capítulos que ya hemos visto, Juan nos deja ver que él es consciente de que los cristianos seguimos pecando (1:8-9; 2:1). A lo que Juan sí se está refiriendo es a que todo aquel que lo conoce y que permanece en Él no lleva una práctica de pecado.

«Hijos míos, que nadie os engañe; el que practica la justicia es justo, así como Él es justo. El que practica el pecado es del diablo, porque el diablo ha pecado desde el principio. El Hijo de Dios se manifestó con este propósito: para destruir las obras del diablo» (vv. 7-8).

Todo el que practica el pecado no lo conoce: es del diablo (Juan 8:44), el padre de toda mentira y pecado. Cristo destruyó las obras del diablo y Su obra en la cruz nos ha hecho libres del poder del pecado (Heb. 2:14-15).

En los siguientes versículos el apóstol nos deja ver una vez más que aquel que tiene la simiente de Dios no practica el pecado porque es nacido de Él. Todo aquel que no es de Dios no practica la justicia, porque practica el pecado, y no ama a su hermano. Una vez más Juan nos lleva a la importancia del amor al hermano; aquel que es nacido de Dios ama a su hermano.

«Porque este es el mensaje que habéis oído desde el principio: que nos amemos unos a otros; no como Caín que era del maligno, y mató a su hermano. ¿Y por qué causa lo mató? Porque sus obras eran malas, y las de su hermano justas» (vv. 11-12).

Vemos que Juan menciona el suceso entre Caín y Abel que nos narra el Libro de Génesis, pero Juan se concentra en Caín y lo muestra como una representación de aquellos que no han nacido de Dios. El teólogo Simon Kistemaker lo dice de la siguiente manera: «No es que Caín, al matar a su hermano, se haya vuelto hijo del diablo; sino que, por ser hijo del diablo, sus acciones eran malas y culminaron en la muerte de su hermano».

APLÍCALO A TU VIDA

Hemos visto a lo largo de este pasaje que la mujer que es nacida de Dios no practica el pecado.

¿Qué quiere decir esto?

La muerte de Cristo nos ha librado de la condena, el poder y la presencia del pecado. ¿Qué quieren decir cada una de estas áreas según vimos en nuestro estudio de hoy?

Condena

Poder

Presencia

Si Cristo con Su muerte nos liberó del poder del pecado, ¿por qué crees que muchas veces vivimos como si siguiéramos siendo esclavas?

RESPONDE EN ORACIÓN

Adora: Exalta al Señor porque Él nos ha dado una nueva vida y una nueva simiente en Él.

Agradece: Da gracias al Señor porque en Su muerte Él te liberó de la condena por el pecado que te tocaba pagar y porque un día serás libre de su presencia.

Confiesa: Lleva delante del Señor cualquier pecado recurrente que hayas podido identificar en tu vida.

Suplica: Pídele al Señor que te ayude a vivir de acuerdo a la libertad que Él te ha dado de la esclavitud del pecado.

Día 4

PREPARA TU CORAZÓN

> *Usa este salmo para orar al Señor:*
> «Y guardaré continuamente tu ley, para siempre y eternamente.
> Y andaré en libertad, porque busco tus preceptos. Hablaré también de tus testimonios delante de reyes, y no me avergonzaré. Y me deleitaré en tus mandamientos, los cuales amo. Levantaré mis manos a tus mandamientos, los cuales amo, y meditaré en tus estatutos».
>
> Salmos 119:44-48

ANALIZA EL PASAJE

Pasaje del día: *1 Juan 3:13-18*

Los siguientes puntos te ayudarán a marcar el camino en el proceso de comprensión de este pasaje.

TEMAS

¿Cuáles son los temas principales de este pasaje?

ESTRUCTURA

¿Cuáles son las distintas partes de este pasaje?

¿Cómo se relaciona este pasaje con los versículos anteriores del libro?

¿Cómo se relaciona con los versículos que le siguen?

TEMA UNIFICADOR

¿Cuál crees que es el tema unificador de este pasaje?

PROFUNDIZA EN SUS VERDADES

«Amemos [...] de hecho y en verdad».

En el inicio del pasaje de hoy vemos una verdad que necesitamos recordar: «Hermanos, no os maravilléis si el mundo os odia» (v. 13). Pareciera extraño que Juan pase a hacernos este recordatorio cuando en el versículo anterior nos habla de Caín y Abel. La verdad es que esta advertencia encaja perfectamente aquí. Abel hizo lo correcto; aun así, fue asesinado por su hermano. Desde el principio de los tiempos, el mundo se opone a los santos, y esto no debe sorprendernos porque Satanás es el padre de aquellos que no son creyentes. Caín era del maligno y obró conforme a esto (v. 12). El mundo está compuesto por aquellos que son de Satanás (2 Cor. 4:4).

¿Qué puedes ver en Juan 15:18-19 con relación a esta verdad?

«Nosotros sabemos que hemos pasado de muerte a vida porque amamos a los hermanos. El que no ama permanece en muerte» (v. 14).

En este versículo Juan continúa haciendo esta distinción entre el mundo y los santos: Caín mató a Abel, el mundo odia a los santos, pero nosotras amamos a nuestros hermanos. Esto es algo que sus lectores conocen porque ya han escuchado las verdades del evangelio:

- Estábamos muertas en nuestros delitos y pecados (Ef. 2:1,5).

- Jesús nos dio vida; nos hizo pasar de muerte a vida (Juan 5:24).

Es importante tener claro que no es el amor al hermano lo que nos hace pasar de muerte a vida: es la obra redentora de Cristo. Sin embargo, el amor al hermano es la evidencia de que esto ya ha ocurrido. El amor es una señal segura de que alguien ha pasado de muerte a vida.

Según Gálatas 5:22, ¿qué es el amor?

«Todo el que aborrece a su hermano es homicida, y vosotros sabéis que ningún homicida tiene vida eterna permanente en él» (v. 15).

¿Cómo puede una persona ser asesina solamente por odiar a otra? Pues, aunque las consecuencias inmediatas no son las mismas, la actitud del corazón es tan importante como la acción misma. El Señor que sondea los corazones sabe que un corazón que alberga odio es un corazón dispuesto a asesinar.

En Mateo 5:21-22, Jesús enseñó sobre este tema. ¿Qué ves en este pasaje?

«El odio es el equivalente espiritual del homicidio ante los ojos de Dios porque para Él la actitud es igual al acto». John MacArthur.

Ahora, en los versículos que nos restan vemos la forma en la que ese amor, que debe caracterizar al creyente, es puesto en acción:

«En esto conocemos el amor: en que Él puso su vida por nosotros también nosotros; también debemos poner nuestras vidas por los hermanos. Pero el que tiene bienes de este mundo, y ve a su hermano en necesidad y cierra su corazón contra él, ¿cómo puede morar el amor de Dios en él? Hijos, no amemos de palabra ni de lengua, sino de hecho y en verdad» (vv. 16-18).

En estos versículos podemos ver:

1. La mayor muestra de amor es que Jesús puso Su vida por pecadores como nosotras que no lo merecíamos.

2. Su ejemplo de amor y entrega, al poner Su vida por nosotras, debe ser aquello que busquemos imitar con nuestros hermanos.

3. Parte de lo que es amar al hermano es contribuir para suplir sus necesidades.

4. Nuestro amor por los hermanos debe ser evidente en nuestras acciones y no solo en nuestras palabras.

APLÍCALO A TU VIDA

De manera práctica, ¿qué significa que nosotras debemos poner nuestra vida por nuestros hermanos, así como Cristo lo hizo por nosotras?

Piensa en aquellos que están a tu alrededor.

¿Hay alguien a quien no estés amando de hecho y en verdad?

En caso de que así sea, ¿qué puedes hacer al respecto?

RESPONDE EN ORACIÓN

Adora: Exalta al Señor porque, siendo nosotras pecadoras, Él puso Su vida por nosotras.

Agradece: Dale gracias porque Su obra en la cruz nos ha hecho pasar de muerte a vida.

Confiesa: Lleva delante de Él cualquier falta de acción en tu amor hacia los demás.

Suplica: Pídele al Señor que te ayude a amar de hecho y en verdad, imitando la manera en la que Él nos ama.

 Día 5

PREPARA TU CORAZÓN

> *Usa este salmo para orar al Señor:*
> *«Acuérdate de la palabra dada a tu siervo, en la cual me has hecho esperar.*
> *Este es mi consuelo en la aflicción: que tu palabra me ha vivificado.*
> *Los soberbios me insultaron en gran manera, sin embargo, no me he apartado de tu ley.*
> *Me acuerdo de tus ordenanzas antiguas, oh Señor, y me consuelo».*
>
> Salmos 119:49-52

ANALIZA EL PASAJE

Pasaje del día: *1 Juan 3:19-24*

Los siguientes puntos te ayudarán a marcar el camino en el proceso de comprensión de este pasaje.

TEMAS
¿Cuáles son los temas principales de este pasaje?

ESTRUCTURA
¿Cuáles son las distintas partes de este pasaje?

CONTEXTO
¿Cómo se relaciona este pasaje con los versículos anteriores del libro?
¿Cómo se relaciona con los versículos que le siguen?

TEMA UNIFICADOR
¿Cuál crees que es el tema unificador de este pasaje?

PROFUNDIZA EN SUS VERDADES

«El que guarda sus mandamientos permanece en Él».

«En esto sabremos que somos de la verdad, y aseguraremos nuestros corazones delante de Él en cualquier cosa en que nuestro corazón nos condene; porque Dios es mayor que nuestro corazón y sabe todas las cosas. Amados, si nuestro corazón no nos condena, confianza tenemos delante de Dios» (vv. 19-21).

Este versículo comienza diciéndonos «en esto conocemos». Si leemos los versículos anteriores nos daremos cuenta de que ese «esto» al que Juan se refiere es el amor al hermano. Un estilo de vida caracterizado por el amor es una confirmación de que estamos en la verdad y tenemos la seguridad de nuestra salvación. En ocasiones nuestro corazón quizás nos condena y nos hace dudar de nuestra salvación. Sin embargo, como bien lo dice el pasaje, mayor que nuestro corazón es Dios y Él conoce a aquellas mujeres que son Suyas. Vivir un patrón de vida de amor es una evidencia de que no vivimos en condenación.

¿Qué nos enseña Juan 13:34-35 sobre esto?

«Y todo lo que pidamos lo recibimos de Él, porque guardamos sus mandamientos y hacemos las cosas que son agradables delante de Él» (v. 22).

El amor es el corazón de la obediencia. Cuando tenemos una vida caracterizada por el amor, buscamos la obediencia al Señor y el sometimiento a Su Palabra.

Por lo tanto, una vida sometida a Él es bendecida de parte de Dios con las respuestas a nuestras oraciones. Una vida de amor y obediencia implica un corazón alineado con Dios.

«Y este es su mandamiento: que creamos en el nombre de su Hijo Jesucristo, y que nos amemos unos a otros como Él nos ha mandado. El que guarda sus mandamientos permanece en Él y Dios en él. Y en esto sabemos que Él permanece en nosotros: por el Espíritu que nos ha dado» (vv. 23-24).

En estos últimos versículos vemos las características que esta carta resalta de manera continua: creer, amar y obedecer.

Creer en Jesucristo y Su obra redentora es el fundamento para una vida de amor y de obediencia, y nuestra fe en Él es la garantía de la presencia continua del Espíritu Santo en nosotras.

APLÍCALO A TU VIDA

¿De qué manera te alientan los siguientes pasajes en cuanto a la seguridad que tenemos en Él?

JUAN 18:9

ROMANOS 8:1

_____

_____

ROMANOS 8:38-39

_____

_____

Estamos llamadas a una vida de amor y de obediencia a Él. Dios responde las oraciones de aquellas que encuentran en Él su deleite. ¿Cómo está tu deleite en Dios?

_____

_____

Reflexiona en las verdades de Salmos 1:1-3. ¿Qué puedes aprender de él?

_____

_____

RESPONDE EN ORACIÓN

Adora: Exalta al Señor por la seguridad que tenemos en Él. ¡No hay condenación para las mujeres que están en Cristo Jesús!

Agradece: Da gracias porque Él nos ha dado Su Espíritu que permanece en nosotras.

Confiesa: Lleva delante de Él en arrepentimiento cualquier evidencia que hayas encontrado de tu deleite fuera de Dios.

Suplica: Pídele al Señor que te dé un corazón que se deleite en Él y en obedecerle.

CUARTA SEMANA

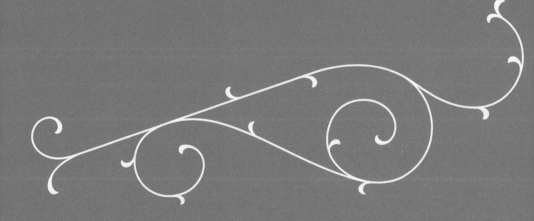

Día 1

Antes de continuar, te invito a presentarte delante de Dios en oración. Pídele que aquiete tu espíritu, que abra tu mente y tu corazón a Su Palabra y que te muestre las maravillas de Su Ley; que te dé entendimiento, te guíe a Su verdad, confronte tu corazón y te mueva al arrepentimiento.

«Meditaré en tus preceptos, y consideraré tus caminos.
Me deleitaré en tus estatutos, y no olvidaré tu palabra».

Salmos 119:15-16

Te invito a leer el capítulo 4 de 1 Juan por lo menos dos veces, para que puedas familiarizarte con el texto. En tu lectura, procura contestar lo siguiente:

¿Qué palabras importantes se repiten?

_____

_____

¿Qué ideas se repiten?

_____

_____

¿Qué atributo de Dios se enfatiza o exalta?

_____

_____

¿Hay alguna idea que pareciera confusa?

_____

_____

¿Qué temas encuentras en el cuarto capítulo?

_____

_____

Día 2

PREPARA TU CORAZÓN

Usa este salmo para orar al Señor:
«Cánticos para mí son tus estatutos
en la casa de mi peregrinación.
Por la noche me acuerdo de tu nombre, oh Señor,
y guardo tu ley.
Esto se ha hecho parte de mí:
guardar tus preceptos».

Salmos 119:54-56

ANALIZA EL PASAJE

Pasaje del día: *1 Juan 4:1-6*

Los siguientes puntos te ayudarán a marcar el camino en el proceso de comprensión de este pasaje.

TEMAS

¿Cuáles son los temas principales de este pasaje?

_____

_____

ESTRUCTURA

¿Cuáles son las distintas partes de este pasaje?

_____

_____

CONTEXTO

¿Cómo se relaciona este pasaje con los versículos anteriores del libro?

¿Cómo se relaciona con los versículos que le siguen?

_____

_____

¿Cuál crees que es el tema unificador de este pasaje?

_____

_____

PROFUNDIZA EN SUS VERDADES

«Probad los espíritus».

Para entender esta porción es importante recordar que los lectores de esta carta se veían rodeados por las falsas enseñanzas que planteaban que Jesús no se había encarnado; por lo tanto, no había pasado por la crucifixión. Juan entonces les dice:

«Amados, no creáis a todo espíritu, sino probad los espíritus para ver si son de Dios, porque muchos falsos profetas han salido al mundo. En esto conocéis el Espíritu de Dios: todo espíritu que confiesa que Jesucristo ha venido en carne, es de Dios; y todo espíritu que no confiesa a Jesús, no es de Dios; y este es el espíritu del anticristo, del cual habéis oído que viene, y que ahora ya está en el mundo» (vv. 1-3).

Quizás llame tu atención que Juan habla de estas falsas enseñanzas como «espíritus». Satanás está detrás de toda falsa enseñanza y él representa todo un mundo espiritual. Quienes esparcían estas falsas doctrinas están representando el mundo de las tinieblas (2 Cor. 11:13-14).

El llamado que Juan hace a sus lectores es a «probar» los espíritus, probar las enseñanzas que escuchan e identificar si vienen de Dios. Nuestro llamado como mujeres creyentes es a someter todo aquello que escuchamos a las verdades de la Palabra de Dios.

¿Cómo relacionas esto con 1 Tesalonicenses 5:20-22?

_____

_____

Juan continúa: «Hijos míos, vosotros sois de Dios y los habéis vencido, porque mayor es el que está en vosotros que el que está en el mundo. Ellos son del mundo; por eso hablan de parte del mundo, y el mundo los oye. Nosotros somos de Dios; el que conoce a Dios, nos oye; el que no es de Dios, no nos oye. En esto conocemos el espíritu de la verdad y el espíritu del error» (vv. 4-6).

La mujer cristiana necesita ser consciente del mundo espiritual que hay detrás de las falsas enseñanzas, pero esto no debe llevarla al temor. Dios es mayor que aquel que está en el mundo y Él nos ha dado Su Santo Espíritu que nos guía a toda verdad. Aquellos que son de Dios hablan las cosas de Dios. Su mensaje está basado en la Palabra. Con esto podemos distinguir entre la verdad y el error.

APLÍCALO A TU VIDA

La manera en que podemos distinguir la verdad del error es filtrando todo lo que oímos a través de las verdades de la Palabra.

Busca Hechos 17:11-12. ¿Qué puedes aprender de los hermanos de Berea?

Parte de lo que necesitamos para identificar las falsas enseñanzas es manejar con precisión Su Palabra. Para esto debemos ir a ella como una fuente continua de alimento para nuestra vida.

¿Vas diariamente a la Palabra para buscar alimento?

Según 2 Timoteo 2:15, ¿qué debe hacer la mujer creyente con la Palabra?

Debemos buscar llenarnos de Su verdad con pasión.

RESPONDE EN ORACIÓN

Adora: Exalta al Señor porque Él nos dejó Su Palabra que nos permite conocer la verdad.

Agradece: Da gracias porque Él nos ha dado Su Santo Espíritu que nos guía a toda verdad.

Confiesa: Ve delante de Dios y confiesa tu falta de intimidad con Su Palabra.

Suplica: Pídele que te dé un corazón que ame Su verdad y procure manejarla con precisión.

 Día 3

PREPARA TU CORAZÓN

> *Usa este salmo para orar al Señor:*
> *«El Señor es mi porción;*
> *he prometido guardar tus palabras.*
> *Supliqué tu favor con todo mi corazón;*
> *ten piedad de mí conforme a tu promesa.*
> *Consideré mis caminos,*
> *y volví mis pasos a tus testimonios.*
> *Me apresuré y no me tardé*
> *en guardar tus mandamientos».*
>
> Salmos 119:57-60

ANALIZA EL PASAJE

Pasaje del día: *1 Juan 4:7-11*

Los siguientes puntos te ayudarán a marcar el camino en el proceso de comprensión de este pasaje.

TEMAS

¿Cuáles son los temas principales de este pasaje?

_____

_____

ESTRUCTURA

¿Cuáles son las distintas partes de este pasaje?

_____

_____

¿Cómo se relaciona este pasaje con los versículos anteriores del libro?

¿Cómo se relaciona con los versículos que le siguen?

TEMA UNIFICADOR

¿Cuál crees que es el tema unificador de este pasaje?

PROFUNDIZA EN SUS VERDADES

«Él nos amó a nosotros».

Ya hemos visto múltiples veces el tema del amor en este libro (1 Jn. 2:7-11; 3:11-18,23), pero ahora, en esta porción, Juan pasa a considerar este amor de manera más detallada.

El apóstol comienza este pasaje haciendo un contraste entre aquel que conoce a Dios y el que no lo conoce. La marca distintiva de conocer a Dios es el amor: «Amados, amémonos unos a otros, porque el amor es de Dios, y todo el que ama es nacido de Dios y conoce a Dios. El que no ama no conoce a Dios, porque Dios es amor» (vv. 7-8). Al nacer de nuevo, la mujer creyente recibe la naturaleza de Dios, caracterizada por el amor. Por lo tanto, aquella que lo conoce también ama.

«En esto se manifestó el amor de Dios en nosotros: en que Dios ha enviado a su Hijo unigénito al mundo para que vivamos por medio de Él» (v. 9).

La mayor manifestación del amor es que Dios haya enviado a Su Hijo al mundo a pagar la deuda de pecadoras como tú y como yo. Por la obra de Cristo, nosotras podemos tener vida. Su obra en la cruz hace posible que vivamos a través de Él y que, por tanto, podamos amar a los demás.

¿Cómo relacionas 1 Juan 4:9 y Romanos 5:8?

«En esto consiste el amor: no en que nosotros hayamos amado a Dios, sino en que

Él nos amó a nosotros y envió a su Hijo como propiciación por nuestros pecados»
(v. 10). Jesucristo es la prueba visible del amor de Dios. El amor tiene su origen en
Él y no en nosotras. Dios nos mostró Su amor en que Su único Hijo tomó nuestro
lugar y pagó nuestra deuda. ¡Glorioso intercambio! ¡Detente ahora mismo y dale
gracias a Dios por Su gran muestra de amor para con nosotras!

«Amados, si Dios así nos amó, también nosotros debemos amarnos unos a otros»
(v. 11). Aquí tenemos otra razón por la que debemos amarnos. Si Dios, el Santo y
recto, se desprendió de Su único Hijo, nuestro llamado como mujeres creyentes es
tener un amor sacrificial por nuestros hermanos.

APLÍCALO A TU VIDA

¡Cuánto nos ha amado el Padre! Jesucristo es la mayor manifestación del amor del
Padre hacia nosotras. Su amor sacrificial se demostró en la cruz.

Reflexiona brevemente en los siguientes pasajes. ¿Qué nos dicen del amor de Dios?

JUAN 3:16-17

_____

_____

ROMANOS 5:8

_____

_____

2 CORINTIOS 5:21

_____

_____

EFESIOS 5:1-2

_____

_____

¿De qué manera estos pasajes deben afectar la forma en la que te relacionas con los
demás?

_____

_____

En tu vida, ¿puedes decir que eres intencional en amar de manera sacrificial, como Dios nos ha amado?

_____

_____

Piensa en alguien a quien no amas así. ¿Qué puedes hacer para cambiar eso?

_____

_____

RESPONDE EN ORACIÓN

Adora: ¡Exalta al Señor por Su gran amor!

Agradece: Da gracias por la manifestación tan grande de amor que recibimos en Jesucristo.

Confiesa: Lleva al Señor cualquier evidencia de falta de amor sacrificial que hayas encontrado en tu vida.

Suplica: Pídele al Señor que te enseñe a amar de la manera que Él nos amó a nosotras.

 **Día 4**

PREPARA TU CORAZÓN

> *Usa este salmo para orar al Señor:*
> *«Los lazos de los impíos me han rodeado,*
> *mas no me he olvidado de tu ley.*
> *A medianoche me levantaré para darte gracias*
> *por tus justas ordenanzas.*
> *Compañero soy de todos los que te temen,*
> *y de los que guardan tus preceptos.*
> *La tierra, oh Señor, está llena de tu misericordia;*
> *enséñame tus estatutos».*
>
> Salmos 119:61-64

ANALIZA EL PASAJE

Pasaje del día: *1 Juan 4:12-17*

Los siguientes puntos te ayudarán a marcar el camino en el proceso de comprensión de este pasaje.

TEMAS

¿Cuáles son los temas principales de este pasaje?

ESTRUCTURA

¿Cuáles son las distintas partes de este pasaje?

CONTEXTO

¿Cómo se relaciona este pasaje con los versículos anteriores del libro?

¿Cómo se relaciona con los versículos que le siguen?

TEMA UNIFICADOR

¿Cuál crees que es el tema unificador de este pasaje?

PROFUNDIZA EN SUS VERDADES

«Su amor se perfecciona en nosotros».

En la porción del día anterior, vimos dos razones por las que la mujer creyente debe estar caracterizada por el amor:

1. Dios es la esencia misma del amor.

2. Debemos seguir el ejemplo supremo de amor sacrificial que encontramos en Jesucristo.

En los pasajes que restan de este capítulo, Juan nos da tres razones más por las que el amor debe caracterizarnos.

«A Dios nadie le ha visto jamás. Si nos amamos unos a otros, Dios permanece en nosotros y su amor se perfecciona en nosotros» (v. 12).

La tercera razón encontrada en este pasaje es que el amor representa el centro del testimonio cristiano. Nadie puede ver a Dios, pero la manifestación de Su amor en este tiempo es la Iglesia (Juan 13:35; 2 Cor. 5:18-20). El autor John MacArthur lo dice de esta manera: «El amor se originó en Dios, fue manifestado en Su Hijo y quedó demostrado en Su pueblo».

Juan continúa y nos muestra una razón más por la que una característica de la mujer creyente debe ser el amor:

«En esto sabemos que permanecemos en Él y Él en nosotros: en que nos ha dado de su Espíritu. Y nosotros hemos visto y damos testimonio de que el Padre envió al Hijo para ser el Salvador del mundo. Todo aquel que confiesa que Jesús es el Hijo de Dios, Dios permanece en él y él en Dios. Y nosotros hemos llegado a conocer y hemos creído el amor que Dios tiene para nosotros. Dios es amor, y el que permanece en amor permanece en Dios y Dios permanece en él» (vv. 13-16).

Por Su amor, Dios envió a Su Hijo a ser nuestro Salvador y nos ha dado Su Santo Espíritu como evidencia de que permanecemos en Él. El amor es la seguridad de la mujer cristiana.

Finalmente, vemos la quinta razón que el apóstol nos presenta para el amor que debe caracterizarnos como mujeres creyentes: «En esto se perfecciona el amor en nosotros, para que tengamos confianza en el día del juicio, pues como Él es, así somos también nosotros en este mundo» (v. 17). Cuando Juan nos habla de un amor perfeccionado, no está hablando de un amor sin pecado. En el primer capítulo de este libro vimos que aquel que dice que no tiene pecado es un mentiroso. Juan nos habla de un amor maduro, caracterizado por la confianza que tenemos en Él. En el día del juicio, podremos estar confiadas por Jesucristo porque el Padre envió a Su Hijo como Salvador del mundo. El amor de Cristo es nuestra confianza.

APLÍCALO A TU VIDA

¿Puedes recordar cuáles son las cinco razones que Juan nos presenta por las que debemos estar caracterizadas por el amor?

1. _____

2. _____

3. _____

4. _____

5. _____

¿Está tu vida siendo un testimonio del amor de Dios? Piensa en una relación específica en la que no estés mostrando este amor, quizás con tus padres, alguna relación de amistad, tu esposo o tus hijos. ¿Qué puedes hacer al respecto?

_____

_____

RESPONDE EN ORACIÓN

Adora: Enaltece al Señor por la seguridad que podemos tener en Su amor.

Agradece: Da gracias por Jesucristo, por quien podremos estar confiadas en el día del juicio.

Confiesa: Ve delante del Señor y confiesa en arrepentimiento si tu vida no ha estado caracterizada por el amor.

Suplica: Pídele al Señor que cada una de las cinco razones para amar que vimos hoy muevan tu corazón a vivir de esta manera.

PREPARA TU CORAZÓN

> *Usa este salmo para orar al Señor:*
> *«Bueno es para mí ser afligido,*
> *para que aprenda tus estatutos.*
> *Mejor es para mí la ley de tu boca*
> *que millares de piezas de oro y de plata».*
>
> Salmos 119:71-72

ANALIZA EL PASAJE

Pasaje del día: *1 Juan 4:18-21*

Los siguientes puntos te ayudarán a marcar el camino en el proceso de comprensión de este pasaje.

TEMAS

¿Cuáles son los temas principales de este pasaje?

_____

_____

ESTRUCTURA

¿Cuáles son las distintas partes de este pasaje?

_____

_____

CONTEXTO

¿Cómo se relaciona este pasaje con los versículos anteriores del libro?

¿Cómo se relaciona con los versículos que le siguen?

_____

_____

¿Cuál crees que es el tema unificador de este pasaje?

PROFUNDIZA EN SUS VERDADES

«El perfecto amor echa fuera el temor».

La porción que estudiaremos comienza diciendo: «En el amor no hay temor, sino que el perfecto amor echa fuera el temor, porque el temor involucra castigo, y el que teme no es hecho perfecto en el amor» (v. 18).

Luego de haber leído el pasaje completo y haber recordado la porción del día anterior, ¿qué crees que nos dice este versículo?

Para poder interpretar este versículo necesitamos recordar lo que Dios nos dice antes:

«En esto se perfecciona el amor en nosotros, para que tengamos confianza en el día del juicio, pues como Él es, así somos también nosotros en este mundo» (v. 17).

Decir que el perfecto amor echa fuera el temor no significa que el verdadero amor conquista todos los temores terrenales. El contexto de este versículo es claro y nos muestra que en ese perfecto amor no hay temor de condenación eterna ni hay temor en el día del juicio. Cristo Jesús es la razón por la que no hay temor: Su obra en la cruz quitó toda condenación de nuestra vida.

Transcribe aquí Romanos 8:1-2.

Juan continúa y nos recuerda una vez más que la razón por la que nosotras podemos amar a otros es porque Él nos amó primero (v. 19).

El amor en la mujer creyente es un regalo de Dios y Él siempre toma la iniciativa. Él nos amó primero y lo hizo a través de la entrega de Su Hijo. Esta primera y suprema muestra de amor hace posible que nosotras podamos amar a los demás.

Juan termina este capítulo 4 llevándonos una vez más a la necesidad de que amemos a nuestros hermanos. Es una contradicción decir que amamos a Dios y no amarnos unos a otros. «Y este mandamiento tenemos de Él: que el que ama a Dios, ame también a su hermano» (v. 21).

APLÍCALO A TU VIDA

En el pasaje de hoy vimos que el perfecto amor echa fuera el temor al día del juicio y de la condenación eterna porque no hay condenación para toda mujer que ha puesto su fe en Cristo Jesús y se ha arrepentido de su pecado.

¿Es este pasaje real para tu vida? ¿Has perdido el temor a la condenación? ¿Ha sido tu fe depositada en Cristo Jesús y por lo tanto no hay condenación para tu vida?

Si tu respuesta es negativa, quizás Dios está abriendo tus ojos a la realidad de tu pecado y tu necesidad de salvación. Te animo a buscar una creyente madura y hablar con ella de lo que Dios te ha mostrado sobre la condición de tu corazón.

La última porción de este capítulo nos recuerda que no podemos decir que amamos a Dios, a quien no vemos, si no amamos a nuestros hermanos. Aquellos que ven tu vida, ¿están observando una contradicción en ti porque dices amar a Dios con tus labios, pero tus acciones y actitudes hacia los demás no reflejan este amor?

Si tu respuesta es afirmativa, piensa en formas precisas en las que tu vida no es congruente con el amor que dices tener.

Si tu respuesta es negativa, piensa en qué formas puedes mantener tu corazón vigilante, recordando la verdad de 1 Corintios 10:12 que nos dice: «Por tanto, el que cree que está firme, tenga cuidado, no sea que caiga».

Recuerda que podemos amar a otros porque Él nos amó primero en Jesús. La obra de Cristo ha hecho posible que nosotras podamos amar a los demás. Aférrate a esta hermosa verdad del evangelio y vive en obediencia de acuerdo a ella. Pídele a Dios que transforme tu corazón por uno que ame también a su hermano.

RESPONDE EN ORACIÓN

Adora: Glorifica al Señor porque Él nos amó primero a través de Cristo.

Agradece: Da gracias porque si estás en Cristo, no hay condenación para tu vida; no hay nada que temer en el día del juicio.

Confiesa: Ve delante del Señor y confiesa en arrepentimiento si el amor que dices tener por Él se ha visto contradicho por tu falta de amor al hermano.

Suplica: Pídele al Señor que te lleve a amar a los demás como respuesta de un corazón que ha sido amado primero.

QUINTA SEMANA

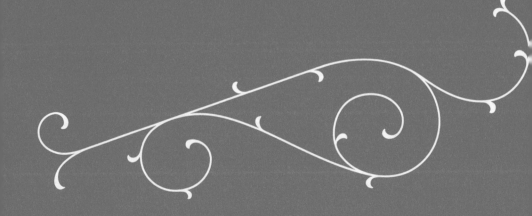

❧ Día 1 ❧

Antes de continuar, te invito a presentarte delante de Dios en oración. Pídele que aquiete tu espíritu, que abra tu mente y tu corazón a Su Palabra y que te muestre las maravillas de Su Ley; que te dé entendimiento, te guíe a Su verdad, confronte tu corazón y te mueva al arrepentimiento.

«Meditaré en tus preceptos, y consideraré tus caminos.
Me deleitaré en tus estatutos, y no olvidaré tu palabra».
Salmos 119:15-16

Te invito a leer el capítulo 5 de 1 Juan por lo menos dos veces, para que puedas familiarizarte con el texto. En tu lectura, procura contestar lo siguiente:

¿Qué palabras importantes se repiten?

_____

_____

¿Qué ideas se repiten?

_____

_____

¿Qué atributo de Dios se enfatiza o exalta?

_____

_____

¿Hay alguna idea que pareciera confusa?

_____

_____

¿Qué temas encuentras en el quinto capítulo?

_____

_____

Día 2

PREPARA TU CORAZÓN

> *Usa este salmo para orar al Señor:*
> *«Tus manos me hicieron y me formaron;*
> *dame entendimiento para que aprenda tus mandamientos.*
> *Que los que te temen, me vean y se alegren,*
> *porque espero en tu palabra».*
>
> Salmos 119:73-74

ANALIZA EL PASAJE

Pasaje del día: *1 Juan 5:1-5*

Los siguientes puntos te ayudarán a marcar el camino en el proceso de comprensión de este pasaje.

TEMAS

¿Cuáles son los temas principales de este pasaje?

_____

_____

ESTRUCTURA

¿Cuáles son las distintas partes de este pasaje?

_____

_____

CONTEXTO

¿Cómo se relaciona este pasaje con los versículos anteriores del libro?

¿Cómo se relaciona con los versículos que le siguen?

_____

_____

¿Cuál crees que es el tema unificador de este pasaje?

PROFUNDIZA EN SUS VERDADES

«La victoria que ha vencido al mundo».

¡Me llena de gozo que hayas perseverado en el estudio de este libro! Es mi oración que las verdades que hemos aprendido de Su Palabra resulten en la edificación y transformación de tu vida.

El día de hoy veremos el capítulo 5 de 1 Juan, específicamente los versículos 1 al 5.

Comencemos con los primeros dos versículos:

«Todo aquel que cree que Jesús es el Cristo, es nacido de Dios; y todo aquel que ama al Padre, ama al que ha nacido de Él. En esto sabemos que amamos a los hijos de Dios: cuando amamos a Dios y guardamos sus mandamientos» (vv. 1-2).

En este pasaje podemos ver lo siguiente:

1. El objeto de nuestra fe: Jesucristo. La naturaleza de la fe cristiana comienza con Él.

2. El autor de la fe: Dios. Él toma la iniciativa para nuestro nuevo nacimiento. En realidad, el nuevo nacimiento precede a la fe. El autor David Jackman lo explica así: «Nuestra presente y continua fe es el resultado de un evento pasado. ¿Cuál evento? El de haber nacido de nuevo de parte de Dios. Es Dios quien toma la iniciativa en el nuevo nacimiento u obra de salvación. La fe es la primera señal activa del nuevo nacimiento».

3. El efecto de la fe: obediencia a Sus mandamientos a través de la obra del Espíritu Santo. El evangelio tiene dimensiones verticales y horizontales. Mostrar nuestra fe a través del amor a otros y la obediencia a Sus mandamientos es el efecto natural y sobrenatural de nuestra fe. No podemos decir que amamos a Dios y a los demás si no guardamos Sus mandamientos.

¿Por qué crees que hay una relación directa entre amar a los hijos de Dios y guardar Sus mandamientos?

«Porque este es el amor de Dios: que guardemos sus mandamientos, y sus mandamientos no son gravosos» (v. 3).

¿Te diste cuenta de algo interesante al inicio de este versículo? «Este es el amor a Dios»: una forma en la que Él muestra Su amor es al darnos Sus mandamientos para que los obedezcamos. Guardar Sus mandamientos resultará en la gloria de Dios y en nuestro beneficio. ¿Y sabes algo? ¡Sus mandamientos no son gravosos! El nuevo nacimiento nos da un nuevo deseo y nos da la capacidad de obedecer Sus mandamientos.

«Porque todo lo que es nacido de Dios vence al mundo; y esta es la victoria que ha vencido al mundo: nuestra fe. ¿Y quién es el que vence al mundo, sino el que cree que Jesús es el Hijo de Dios?» (vv. 4-5).

¡Cristo ganó la victoria en el calvario! Nosotras no peleamos por la victoria; peleamos desde la victoria. Satanás, el mundo, nuestra carne y todo aquello que es maldad ha sido derrotado por Cristo. Si tú has creído en Jesús como el Hijo de Dios, la victoria es tuya en Él.

Al resumir este pasaje, podemos decir que una fe auténtica tiene a Cristo como objeto, a Dios como fuente y a la obediencia como efecto, con la victoria garantizada.

APLÍCALO A TU VIDA

Hoy hablamos de cómo la obediencia a la Palabra es una muestra de amor a mi hermano. Piensa en un ejemplo práctico que ilustre esta verdad.

Hoy también aprendimos que tener la Palabra para obedecerla es una muestra del amor de Dios para nosotras y que Sus mandamientos no son gravosos.

Si Sus mandamientos no son gravosos para nosotras, ¿por qué a veces nos cuesta tanto obedecer?

RESPONDE EN ORACIÓN

Adora: ¡Exalta a Jesús porque Su muerte en el calvario nos ha dado la victoria!

Agradece: Da gracias al Señor porque nos ha mostrado Su amor al darnos Sus mandamientos para que los obedezcamos.

Confiesa: Confiesa en arrepentimiento tu falta de amor a Dios y a tu hermano al no guardar Sus mandamientos.

Suplica: Pídele al Señor un corazón que responda en obediencia a Sus mandamientos como una muestra de amor a Él y a tu hermano.

Día 3

PREPARA TU CORAZÓN

Usa este salmo para orar al Señor:
«Para siempre, oh Señor,
tu palabra está firme en los cielos.
Tu fidelidad permanece por todas las generaciones;
tú estableciste la tierra, y ella permanece.
Por tus ordenanzas permanecen hasta hoy,
pues todas las cosas te sirven.
Si tu ley no hubiera sido mi deleite,
entonces habría perecido en mi aflicción».

Salmos 119:89-92

ANALIZA EL PASAJE

Pasaje del día: *1 Juan 5:6-12*

Los siguientes puntos te ayudarán a marcar el camino en el proceso de comprensión de este pasaje.

TEMAS

¿Cuáles son los temas principales de este pasaje?

_____

_____

ESTRUCTURA

¿Cuáles son las distintas partes de este pasaje?

_____

_____

¿Cómo se relaciona este pasaje con los versículos anteriores del libro?

¿Cómo se relaciona con los versículos que le siguen?

TEMA UNIFICADOR

¿Cuál crees que es el tema unificador de este pasaje?

PROFUNDIZA EN SUS VERDADES
«Mayor es el testimonio de Dios».

El último versículo de nuestro estudio del día anterior termina diciéndonos que la mujer que vence al mundo es aquella que cree que Jesús es el Hijo de Dios. Ahora, el versículo 6, con el que inicia el pasaje de hoy, continúa hablándonos de Jesús como Hijo de Dios y nos expone que Él vino mediante agua y sangre. Con relación a qué significa que Jesús haya venido en agua y sangre, existen tres posiciones distintas:

1. La primera relaciona el agua y la sangre con el nacimiento de Jesús. Propone que Jesús vino mediante agua y sangre porque de María fluyeron estos dos elementos en el nacimiento de Jesús.

2. La segunda fue sostenida por Agustín y propone que este pasaje hace referencia al agua y la sangre que salieron del costado de Cristo en el momento de Su crucifixión.

3. La tercera posición, y la más aceptada por la mayoría, es que el agua y la sangre simbolizan dos eventos en la vida de Jesús. El agua simboliza Su bautismo y la sangre Su crucifixión.

Al hablarnos de que Cristo vino en agua y sangre, algunos concuerdan que Juan estaba atacando, de manera intencional, una herejía que enseñaba que Jesús se convirtió en el divino Hijo de Dios en el bautismo y no antes, y que luego el divino Hijo abandonó el cuerpo antes de la crucifixión. Juan sabía y enseñaba que Jesús fue Dios en Su bautismo y en Su muerte.

La palabra central en el pasaje del día de hoy es *testimonio*. ¿Puedes mencionar cuántas veces se repite esta palabra y a qué ideas está asociada?

Todo este pasaje gira alrededor de la idea de que Jesús es el Hijo de Dios y de esto tenemos como testimonio Su bautismo, Su crucifixión y el testimonio de Dios mismo que es mayor que cualquier testimonio de los hombres (v. 9). El testimonio de Dios es este: que Él nos ha dado vida eterna; y esta vida está en Su Hijo (v. 11).

APLÍCALO A TU VIDA

Jesús es el Hijo de Dios, en quien está la vida y a quien le ha sido dada toda autoridad en el cielo, en la Tierra y debajo de la Tierra, y de quien toda lengua confesará que Él es el Señor.

Cuando estamos en Cristo, Él no solo viene a ser nuestro Salvador: Él es también Señor de nuestra vida. Como Hijo de Dios, toda autoridad le ha sido otorgada.

Cuando piensas en la palabra señor, *¿qué te viene a la mente?*

_____

_____

¿Vives diariamente de acuerdo a esta verdad, donde Jesús es el Señor de tu vida? ¿Qué áreas no has rendido a Su señorío?

_____

_____

Como vimos hoy, la Trinidad misma testifica que Jesús es el Hijo de Dios y que la vida eterna está en Él. ¿Das testimonio a otros de esta verdad? ¿Compartes las verdades del evangelio con aquellos que no las conocen?

_____

_____

Piensa en alguien ante quien pudieras testificar hoy y dale testimonio de Él.

RESPONDE EN ORACIÓN

Adora: Adora a Dios por enviar a Su Hijo.

Agradece: Dale gracias al Señor por la vida eterna que podemos encontrar en Él.

Confiesa: Confiesa en arrepentimiento tu falta de rendición a Su señorío y tu falta de amor al no llevar las buenas nuevas a otras personas.

Suplica: Pídele al Señor que te mueva a vivir bajo Su total señorío y que ponga en ti el amor que te conduce a testificar de Él ante otras personas.

Día 4

PREPARA TU CORAZÓN

> *Usa este salmo para orar al Señor:*
> *«Jamás me olvidaré de tus preceptos,*
> *porque por ellos me has vivificado.*
> *Tuyo soy, Señor, sálvame,*
> *pues tus preceptos he buscado».*
>
> Salmos 119:93-94

ANALIZA EL PASAJE

Pasaje del día: *1 Juan 5:13-17*

Los siguientes puntos te ayudarán a marcar el camino en el proceso de comprensión de este pasaje.

TEMAS

¿Cuáles son los temas principales de este pasaje?

_____

_____

ESTRUCTURA

¿Cuáles son las distintas partes de este pasaje?

_____

_____

CONTEXTO

¿Cómo se relaciona este pasaje con los versículos anteriores del libro?

¿Cómo se relaciona con los versículos que le siguen?

TEMA UNIFICADOR

¿Cuál crees que es el tema unificador de este pasaje?

PROFUNDIZA EN SUS VERDADES

«Si pedimos [...] conforme a su voluntad, Él nos oye».

Ayer vimos cómo Juan habla a sus lectores del testimonio que tenemos de parte de Dios: que la vida eterna está en Su Hijo. Ahora, en el versículo 13, él los afirma en la seguridad de su salvación. Luego de esto, él comienza a hablarnos de la oración, que es la expresión más directa de nuestra fe:

«Y esta es la confianza que tenemos delante de Él, que si pedimos cualquier cosa conforme a su voluntad, Él nos oye. Y si sabemos que Él nos oye en cualquier cosa que pidamos, sabemos que tenemos las peticiones que le hemos hecho» (vv. 14-15).

En este pasaje podemos ver varios puntos con relación a la oración:

- Nuestras oraciones pueden ser hechas con confianza gracias a la obra de Cristo. Como nos enseña la Epístola a los Hebreos, podemos acercarnos confiadamente al trono de la gracia y recibiremos misericordia.

- Podemos tener la confianza de que Dios escuchará nuestras oraciones si pedimos conforme a Su voluntad.

¿Cómo puedes asociar el Salmo 37:4 con esta verdad?

El autor Douglas Sean O'Donnell comenta lo siguiente sobre la oración: «Nuestra oración no determina la decisión de Dios, pero sí desarrolla nuestra relación. [...] Jesús enseña y modela que la oración apropiada no implica que nosotros cambiamos la mente de Dios para que Él acepte nuestra voluntad, sino que Dios cambia nuestra mente para aceptar la de Él».

Juan continúa el capítulo 5 y ahora nos menciona en los versículos 16 y 17 dos categorías de pecado: el que no lleva a la muerte y el que lleva a la muerte. Con relación a este pasaje, la *Biblia de estudio English Standard Version* comenta lo siguiente:

> *El pecado que no lleva a la muerte es pecado por el cual el perdón es posible porque: 1) se busca el perdón y 2) Dios está dispuesto a concederlo. La muerte y la vida eterna son destinos espirituales presentes, así como son destinos finales reales (cielo e infierno). El pecado que lleva a la muerte es probablemente: 1) el pecado por el cual no ha habido arrepentimiento y 2) del tipo o de la naturaleza del que Juan ha estado advirtiendo a través de su carta: un resuelto rechazo a la verdadera doctrina sobre Cristo, una desobediencia crónica a los mandamientos de Dios, una persistente falta de amor por otros creyentes; todos estos son indicadores de la falta de una fe salvadora, lo cual no será perdonado.*

APLÍCALO A TU VIDA

En el estudio de hoy hablamos de la oración y sobre cómo desarrolla nuestra relación con Dios y alinea nuestra voluntad con la de Él.

¿Cómo está tu vida de oración?

_____

_____

La oración es una expresión de nuestra dependencia de Dios. Si no oras como deberías, ¿de qué estás dependiendo?

_____

_____

¿Qué puedes hacer para tener una mejor vida de oración?

_____

_____

El capítulo de hoy nos enseña que, si pedimos conforme a Su voluntad, Él nos oye. No podemos conocer la voluntad y la mente de Dios si estamos apartadas de Su Palabra. Orar conforme a Su voluntad implica conocerlo a través del conocimiento de la Escritura.

Una de las mejores formas de orar es utilizando Su Palabra. Para esto tomamos un pasaje de la Escritura, leemos cada versículo o frase del pasaje y convertimos lo que leemos en una oración a nuestro Señor. Te animo a que vayas al Salmo 138 y escribas una oración basada en este pasaje:

_____

_____

_____

_____

_____

_____

_____

_____

_____

RESPONDE EN ORACIÓN

Adora: Adora a Jesús porque Su obra en la cruz nos permite entrar confiadamente al trono de la gracia.

Agradece: Dale gracias al Señor porque, en Cristo, Él escucha nuestras oraciones.

Confiesa: Confiesa en arrepentimiento si has encontrado falta de dependencia de Dios en tu vida a través de tu falta de oración.

Suplica: Pídele al Señor que te lleve a depender continuamente de Él a través de la oración y que te mueva a conocerlo más para que tus oraciones sean conforme a Su voluntad.

Día 5

PREPARA TU CORAZÓN

> *Usa este salmo para orar al Señor:*
> *«¡Cuánto amo tu ley! Todo el día es ella mi meditación.*
> *Tus mandamientos me hacen más sabio que mis enemigos,*
> *porque son míos para siempre.*
> *Tengo más discernimiento que todos mis maestros,*
> *porque tus testimonios son mi meditación.*
> *Entiendo más que los ancianos, porque tus preceptos he guardado.*
> *De todo mal camino he refrenado mis pies, para guardar tu palabra.*
> *No me he desviado de tus ordenanzas, porque tú me has enseñado».*
>
> Salmos 119:97-102

ANALIZA EL PASAJE

Pasaje del día: *1 Juan 5:18-21*

Los siguientes puntos te ayudarán a marcar el camino en el proceso de comprensión de este pasaje.

TEMAS

¿Cuáles son los temas principales de este pasaje?

ESTRUCTURA

¿Cuáles son las distintas partes de este pasaje?

CONTEXTO

¿Cómo se relaciona este pasaje con los versículos anteriores del libro?

¿Cuál crees que es el tema unificador de este pasaje?

PROFUNDIZA EN SUS VERDADES

«Este es el verdadero Dios y la vida eterna».

Hoy llegamos al final de esta carta a través de la cual hemos sido confrontadas y animadas.

¿Puedes recordar algunas de las formas en las que Dios ha usado esta carta en tu vida? ¿Qué te ha enseñado el Señor?

En el pasaje de hoy veremos las exhortaciones finales del apóstol Juan a sus lectores y cómo él los afirma en algunas verdades. En 1 Juan 5:18-20, vemos la palabra *sabemos* repetida en tres ocasiones, seguidas de algunas verdades en las que Juan busca afirmar a sus lectores:

1. «Sabemos que todo el que ha nacido de Dios, no peca; sino que aquel que nació de Dios lo guarda y el maligno no lo toca» (v. 18). Esta misma carta nos deja ver que Juan sabe que los cristianos van a pecar (1:8-10). Reconociendo esta verdad, el sentido que pudiéramos ver en el pasaje es que el pecado ya no es el patrón primario de la vida de la mujer creyente. El autor James Montgomery lo expresa así: «El nuevo nacimiento resultará en un nuevo comportamiento».

   En este versículo también vemos que la razón por la que el pecado ya no es más un patrón de vida para el creyente es porque Aquel que fue engendrado por Dios, Cristo Jesús, nos guarda del maligno y de su mundo de maldad. Vivimos en territorio enemigo y nuestra lucha no es contra sangre ni carne, pero podemos tener la seguridad de que Cristo Jesús nos guarda.

   Cristo es nuestro Buen Pastor. Él es nuestro gran guerrero. Él es nuestra armadura de Dios. Nada podrá separarnos de Su amor protector.

2. «Sabemos que somos de Dios, y que todo el mundo yace bajo el poder del maligno» (v. 19). Otra verdad en la que Juan quería afirmar a sus lectores es que pertenecemos a Dios y, aunque el mundo entero está bajo el poder del maligno, nosotros somos propiedad de Aquel que venció al maligno.

---

3. «Y sabemos que el Hijo de Dios ha venido y nos ha dado entendimiento a fin de que conozcamos al que es verdadero; y nosotros estamos en aquel que es verdadero, en su Hijo Jesucristo. Este es el verdadero Dios y la vida eterna» (v. 20).

Finalmente, Juan les asegura: 1) que Cristo es el verdadero Dios y la vida eterna; 2) que nosotros estamos en Él; 3) que conocer estas verdades y conocerlo a Él es un regalo que viene de Él.

En este versículo Juan afirma y defiende, una y otra vez, la completa divinidad de Cristo, el verdadero Dios.

Juan pudo haber finalizado su carta con el versículo anterior, pero el Espíritu que inspiró estas verdades tenía un breve mandato adicional que darnos: «Hijitos, guardaos de los ídolos» (v. 21).

Esta última frase pudiera parecer carente de sentido alguno y separada del resto de lo que hemos visto hasta el momento, pero la realidad es que este final encaja perfectamente con el contexto inmediato.

Si es cierto que Cristo es el verdadero Dios, entonces nosotras debemos cuidarnos de los falsos ídolos. Debemos cuidarnos de confiar, obedecer, reverenciar y seguir a cualquier persona o cosa que no sea Dios y Su Hijo Jesucristo.

APLÍCALO A TU VIDA

Cristo Jesús es el verdadero Dios y la vida eterna. ¿Hay en tu vida algo o alguien que ha tomado el lugar de Cristo; algo o alguien al cual has dado tu obediencia, tu reverencia, tu adoración; algo o alguien que ha tomado en tu vida el trono que le pertenece solamente a Dios? ¿Tu familia, tus logros, tu comodidad? ¿Hay algún ídolo en tu corazón?

Mi querida amiga, Cristo es tu protección y en Él está la seguridad de la vida eterna. ¡Él es el único y verdadero Dios!

«Por tanto, al Rey eterno, inmortal, invisible, único Dios, a Él sea honor y gloria por los siglos de los siglos. Amén» (1 Tim. 1:17).

RESPONDE EN ORACIÓN

Adora: Adora a Jesús porque le pertenecemos a Él, y Él es nuestra protección contra el maligno.

Agradece: Dale gracias al Señor por la seguridad que tenemos en Él.

Confiesa: Confiesa en arrepentimiento cualquier ídolo de tu corazón que hayas identificado.

Suplica: Pídele al Señor que te lleve a dar toda tu obediencia, reverencia y adoración únicamente a Él.

GUÍA DEL LÍDER

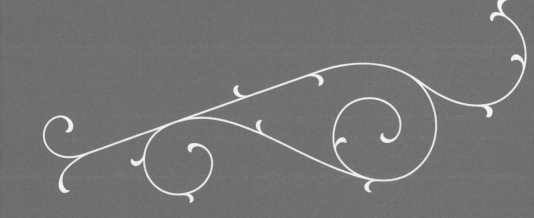

¡Me llena de gozo que hayas decidido compartir este estudio con un grupo de mujeres! Oro para que Dios use Su Palabra en tu vida y en la vida de cada mujer que se exponga a ella. Oro que el Señor te llene de Su sabiduría para dirigir este estudio y que Su Santo Espíritu abra tus ojos para ver las maravillas de Su Ley.

Con el propósito de que tu tiempo de estudio de este material junto a otras mujeres pueda ser aún más provechoso, hay algunas recomendaciones que me gustaría darte sobre cómo dirigir este estudio:

- Procura prepararte con anterioridad: estudiar el material de manera detenida y con antelación te ayudará a poder dirigir la reunión de una manera más eficiente.

- Mantén la Palabra como tu prioridad: solo la Palabra de Dios tiene el poder para transformar. No permitas que las conversaciones en tu grupo de estudio se centren en opiniones y experiencias personales dejando de lado las verdades de las Escrituras.

- Depende del Espíritu Santo: solamente Él puede abrir nuestros ojos ante las verdades de Su Palabra. Ora antes, durante y aun después del estudio por el obrar de Dios a través de Su Palabra en tu vida y en la vida de cada mujer con la que tienes la oportunidad de hacer este estudio.

¡Qué el Señor sea contigo en este trayecto en Su gloriosa
Palabra a través de 1 Juan!

Esta guía tiene el propósito de ser una ayuda en medio de la preparación del estudio, pero no pretende ser el lugar donde encontrarás todas las respuestas a cada punto; esto conllevará trabajo de tu parte y ¿sabes qué? ¡Eso es bueno! Si estás usando este material para un estudio grupal, recuerda que primero debes buscar tu propio crecimiento; este libro de la Biblia debe ministrar primero tu corazón como líder para que luego puedas guiar a las mujeres que te acompañarán en este recorrido.

En algunas secciones encontrarás consejos generales y en otras algunas posibles respuestas.

INTRODUCCIÓN

Antes de entrar en las diferentes secciones te animo a que juntas puedan revisar las respuestas a las preguntas introductorias de cada capítulo, palabras e ideas importantes que se repiten en el texto, atributos de Dios exaltados o alguna idea confusa que encontraron en el texto. Esto les servirá de base antes de entrar de manera detallada a las secciones de cada capítulo.

Recuerda que esta sección es una exploración general al capítulo completo y es importante que cada una haya tenido interacción con el capítulo completo, antes de ir a cada sección.

ANALIZA EL PASAJE

En esta sección no necesariamente hay una sola forma correcta de presentar las respuestas. Cada una de las participantes del estudio puede presentar estas áreas de maneras distintas, siempre y cuando lo que se presente sea fiel al texto.

CONTEXTO

En el contexto de cada sección recuerda considerar los versículos anteriores y posteriores a la sección que están estudiando y también el trasfondo histórico de la carta (puedes encontrar información sobre esto en la introducción del estudio).

TEMA UNIFICADOR

El tema unificador es el mensaje principal que un pasaje quiere comunicarnos y este puede ser expresado en una breve y sencilla oración. Observa, medita y ¡usa tu creatividad! Presta atención a las palabras e ideas repetidas; esto puede darte una idea de cuál sería el tema unificador del pasaje que estás estudiando.

Cuando estés en tu grupo trata de escuchar las diferentes formas en las que algunas desarrollaron el tema unificador del texto; recuerda que no hay una sola forma de hacerlo, pero el contenido debe ser fiel y congruente con el pasaje al que se refiere.

APLICACIÓN

La aplicación de un pasaje tiene que ver con cómo llevamos a la vida diaria el pasaje que estamos estudiando. Algo que puede ser de utilidad para encontrar la aplicación de un pasaje es preguntarnos de qué manera este texto puede hacer una diferencia en mi corazón y en mis acciones.

Es importante que animes a tu grupo a que las aplicaciones que hagan sean específicas y no de asuntos tan generales que luego ni siquiera sepan cómo llevarlos a la obediencia. Recuérdales también que en su estudio personal la aplicación debe ser aquello a lo que Dios las está llamando a obedecer en torno a lo que Él ha revelado en el pasaje estudiado, y que deben examinar cada una sus propios corazones. Y finalmente, te animo a enfatizar una y otra vez nuestra necesidad de dependencia del Espíritu Santo para una vida de obediencia, ¡separadas de Él nada podemos hacer!

RESPONDE EN ORACIÓN

Entendiendo la realidad de que lo necesitamos y que solamente Él puede transformar nuestros corazones a través de Su Palabra, necesitamos recurrir continuamente a la oración y es por esto que este estudio inicia y cierra reconociendo esta realidad.

Anima a aquellas que están haciendo este recorrido contigo a terminar cada sección en adoración, confesión, gratitud y súplica, y procura que de esa misma manera termine su tiempo de reunión.

¡Qué el Señor sea contigo al dirigir este estudio!

Aquí algunas posibles respuestas por capítulo a dos de los puntos de esta sección:

Primera Semana

TEMAS:
- El testimonio sobre el Verbo de vida
- La manifestación de Cristo (Su encarnación)
- Cristo como la vida eterna
- Comunión unos con otros y con el Padre y el Hijo
- Dios es luz
- El andar en tinieblas
- El andar en la luz
- La realidad del pecado en nosotros
- La fidelidad y justicia de Dios en la limpieza y perdón de nuestro pecado

ESTRUCTURA:
I- El testimonio apostólico sobre el Verbo de Vida

» La manifestación del Verbo de vida (v. 2)

» La comunión con ellos y con el Padre y el Hijo (v. 3)

II- Dios es luz y en Él no hay tiniebla alguna

» El andar en tinieblas y el andar en la luz (vv. 5-7)

» La realidad del pecado (v. 8)

» Nuestra confesión y la respuesta de Dios (vv. 9-10)

Segunda Semana

TEMAS:
- Cristo como nuestro abogado intercesor
- El guardar Su Palabra, la evidencia de nuestra permanencia
- La permanencia en la luz, el andar en tinieblas y el amor al hermano
- El mundo y sus pasiones
- El anticristo, el que niega al Padre y al Hijo
- La unción que permanece

ESTRUCTURA:
I- Nuestro abogado frente al Padre y nuestra permanencia en Él

» La propiciación por nuestros pecados (v. 2)

» Si permanecemos debemos andar como Él anduvo (vv. 3-6)

II- Un mandamiento que permanece

» El amor al hermano, la luz y las tinieblas (vv. 8-11)

» La confianza del pueblo de Dios (vv. 12-14)

» El engaño de este mundo pasajero (vv. 15-17)

III- La permanencia en lo que oyeron desde el principio

» Anticristos en medio de ellos (vv. 18-23)

» La unción recibida y la permanencia en el Padre y el Hijo (vv. 24-29)

Tercera Semana

TEMAS:
- El gran amor del Padre
- Nuestra realidad como hijos de Dios
- La práctica del pecado
- El amor al hermano
- La respuesta a nuestras oraciones
- Nuestra permanencia en Él

ESTRUCTURA:
I- Nuestra realidad como hijos de Dios

» El mundo no nos conoce (v. 1)

» Lo que llegaremos a ser (vv. 2-3)

II- La práctica del pecado

» La infracción de la Ley (vv. 4-5)

» Los hijos de Dios y los hijos del diablo (vv. 6-10)

» Que nos amemos unos a otros (vv. 11-18)

III- Nuestras oraciones y vida de obediencia

» Dios es mayor que nuestro corazón (vv. 20-21)

» La respuesta a nuestras oraciones (v. 22)

» Su mandamiento (vv. 23-24)

Cuarta Semana

TEMAS:
- El llamado a probar los espíritus para ver si son de Dios
- La fuente del amor
- La consistencia del amor
- La evidencia de Su permanencia en nosotros
- El amor a Dios y el amor al hermano

ESTRUCTURA:

I- El espíritu de verdad y el espíritu del error

» El que es de Dios y el que no lo es (vv. 1-6)

II- El que ama es nacido de Dios

» El amor es de Dios (vv. 7-9)

» La consistencia del amor (vv. 10-11)

» La permanencia en el amor (vv. 12-17)

III- La razón de nuestro amor

» El perfecto amor (vv. 18-19)

» El amor a Dios y al hermano (vv. 20-21)

Quinta Semana

TEMAS:
- El que es nacido de Dios
- Nuestro amor por los hijos de Dios
- El testimonio acerca de Jesús

- Oraciones conforme a Su voluntad
- El pecado que lleva a la muerte
- La seguridad del creyente en Él

ESTRUCTURA:

I- Aquel que es nacido de Dios (vv. 1-5)

» El que cree que Jesús es el Cristo (v. 1)

» La muestra de nuestro amor a los hijos de Dios (vv. 2-3)

» Lo que vence al mundo (vv. 4-5)

II- El testimonio del Hijo de Dios (vv. 6 -15)

» Los que dan testimonio (vv. 6-9)

» El testimonio del que cree en el Hijo (vv. 10-12)

» La confianza delante de Él (vv. 13-15)

III- El pecado en aquel que ha nacido de Dios (vv. 16-21)

» El pecado que lleva a la muerte (vv. 16-17)

» Las certeza que tenemos en Él (vv. 18-20)

» El llamado a apartarse de los ídolos (v. 21)